Renate Becker

Klimaschutz – ab heute machen wir mit!

Wochenplan, Tagespläne und
alle Arbeitsmaterialien für die Projektwoche

Klasse 5–7

verlag

Impressum

Klimaschutz – ab heute machen wir mit!

Renate Becker ist Realschullehrerin und unterrichtet die Fächer Deutsch, Biologie und Ethik. Sie hat mit ihrer Klasse mit einer viersprachigen Broschüre zum Klimaschutz den Deutschen Klimapreis 2016 der Allianz-Umweltstiftung gewonnen. Die Klimabroschüre wurde auch für den Deutschen Engagementpreis nominiert und kam unter die Top Ten des WWF Galileo Green Youngster Awards der GreenTec Awards 2017.
Die Autorin lebt und arbeitet am Kaiserstuhl.

1. Auflage 2017
© 2017 AOL-Verlag, Hamburg
AAP Lehrerfachverlage GmbH
Alle Rechte vorbehalten.

Veritaskai 3 · 21079 Hamburg
Fon (040) 32 50 83-060 · Fax (040) 32 50 83-050
info@aol-verlag.de · www.aol-verlag.de

Redaktion: Janina Zielecki
Layout/Satz: Graph & Glyphe, Offenburg

ISBN: 978-3-403-10471-1

Engagiert unterrichten. Begeistert lernen.

Alle Arbeitsblätter liegen im Zusatzmaterial als editierbare Word-Dateien vor,
sodass Sie sie an Ihre Erfordernisse anpassen können.

Warum ein Klimaschutzprojekt?

Klimawandel, Klimaschutz, Klimakonferenz. Täglich sind diese Begriffe in den Medien präsent, täglich werden wir mit den negativen Auswirkungen des Klimawandels konfrontiert.

Während die Politik sich schwertut, schnell angemessene Veränderungen herbeizuführen und internationale Lösungen zu finden, neigen wir normalen Menschen durch die unzähligen uns erreichenden Bilder und Meldungen von Überschwemmungen und Hungersnöten dazu abzustumpfen.

Wenn wir aber unsere Zukunft lebenswert erhalten wollen, ist schnelles Handeln gefragt. Klimafreundliche Verhaltensweisen werden zukunftsweisend sein. Aber Klimaschutz ist ein Prozess, der nur Sinn ergibt, wenn möglichst viele mitmachen. Deshalb ist es wichtig, dass wir alle unseren Lebensstil verändern. Dazu gehören auch und vor allem die Schüler. Sie gehören zu der Generation, die am meisten von den negativen Auswirkungen des Klimawandels betroffen sein wird. Sie sind Konsumenten der Gegenwart und vor allem der Zukunft.

Deshalb ist es wichtig, dass sie erkennen, dass ihr Handeln zum Klima- oder Umweltschutz beitragen kann und sie einen großen Teil der Verantwortung für ihre Zukunft selbst mittragen.

Klimaschutz erfordert einsichtiges, aktives Handeln und bedeutet, gewohntes Verhalten zu ändern. Auf Gewohntes zu verzichten, fällt schwer, deshalb ist das Wissen um die Zusammenhänge Voraussetzung dafür, eine Einsicht und schließlich eine Verhaltensänderung herbeizuführen. Verhaltensänderungen muss man verinnerlichen. Das Wissen alleine hilft nicht weiter, konkretes Handeln ist gefragt. Diesen individuellen Prozess der Bewusstmachung beim Schüler anzustoßen und ihn dabei zu unterstützen, ein verantwortungsbewusster Konsument im Sinne des Klimaschutzes zu werden, ist Ziel dieses 5-Tage-Projekts für den Klimaschutz.

Ziel des Klimaschutzprojekts

Durch die Aktualität des Themas in den Medien haben die Schüler eine Art Scheinwissen. Fachbegriffe wie Erderwärmung, ökologischer Fußabdruck oder Nachhaltigkeit sind den Schülern weitgehend bekannt, wenn sie auch deren genaue Definitionen nicht immer kennen. Ähnlich verhält es sich mit den Klimaschutzmaßnahmen. Auch sie sind oft Scheinmaßnahmen. Fragt man Schüler, was sie für den Klimaschutz tun, erhält man oft Antworten wie „Fahrrad fahren", „Plastik vermeiden" oder „Strom sparen" etc.

Doch solche pauschalen Vorsätze tragen nicht wirklich zum Klimaschutz bei. Schüler fahren sowieso Fahrrad, weil sie noch nicht Auto fahren dürfen und die Formulierungen „Plastik vermeiden" oder „Strom sparen" sind so allgemein gehalten, dass sie nicht zum konkreten Handeln anleiten.

Hier setzt das Projekt an, indem es Handlungsmöglichkeiten aufzeigt.

Die Schüler erarbeiten selbstständig Klimaschutzmaßnahmen, die ihnen sinnvoll erscheinen und die sie in ihrem Alltag einhalten können. Dies geschieht im Klassenverband oder in der Gruppe, trotzdem bleibt genügend Raum für individuelle Ideen. So erhält jeder Schüler die Möglichkeit, in seinem Rahmen einen Beitrag zum Umweltschutz zu leisten. Hier gilt: Lieber weniger Klimaschutzmaßnahmen als Ziel setzen, diese dann aber einhalten und verinnerlichen! Letztendlich trägt nur das tatsächliche Handeln zum Klimaschutz bei und stärkt nebenbei durch das Einhalten der selbst gesetzten Ziele das Selbstbewusstsein.

Vorüberlegungen zum Projekt

Eine Woche für den Klimaschutz, das bedeutet, sich im Unterricht einmal Zeit nehmen zu können für dieses wichtige, aktuelle und zukunftsweisende Thema. Andererseits aber kann diese eine Woche angesichts der Fülle an Informationen nur ein Einstieg in das Thema Klimaschutz sein, wenn auch ein effektiver.

In der Projektwoche wird ein breites Basiswissen vermittelt, das den Schüler dazu befähigt, die Zusammenhänge des Klimawandels zu verstehen. Individuell oder in Gruppen erstellte Klimaschutztipps geben ihm zusätzlich die Möglichkeit, seinen Beitrag zum Klimaschutz zu leisten und weisen ihn auf die Wichtigkeit des persönlichen Handelns hin.

Am Schluss der Projektwoche steht eine – eventuell mehrsprachige – Klimaschutzbroschüre. Möglich wäre auch eine PowerPoint-Präsentation zum Klimaschutz, an der die ganze Klasse mitgearbeitet hat, eine Fotoausstellung oder die klassische Plakatpräsentation. Wie die Woche endet, entscheiden Sie als Lehrer gemeinsam mit den Schülern, die Vorarbeiten sind im Wesentlichen die gleichen. Ich empfehle die Klimaschutzbroschüre aus mehreren Gründen: Eine Broschüre kann man durchblättern, vervielfältigen, sie anderen zeigen und darin nachschlagen. Jeder Schüler erhält sein eigenes, von ihm mitgestaltetes Exemplar. Die Texte der Broschüre können von Schülern mit Migrationshintergrund übersetzt werden, vielleicht sogar mithilfe von Geschwistern oder Eltern. Insofern hätte die Broschüre auch integrativen Charakter. Texte, Fotos und Illustrationen, die für die Broschüre benötigt werden, kann man auch für eine PowerPoint-Präsentation übernehmen. In jeder Klasse gibt es computerbegeisterte Schüler, die in kürzester Zeit eine PowerPoint-Präsentation erstellen können, wenn man ihnen das Material zur Verfügung stellt.

Viele Schulen führen eine für alle Klassen gemeinsame Projektwoche durch, an deren Abschlusstag ein Schulfest oder ein Tag der offenen Tür steht, an dem die Projekte der Öffentlichkeit vorgestellt werden. Dafür könnte man die Broschüren kopieren und auslegen. Mit den Seiten im Einzelnen und vielleicht weiteren Fotos der Schüler lässt sich zusätzlich eine kleine Ausstellung zum Klimaschutz gestalten, die durch das Abspielen der PowerPoint-Präsentation zu bestimmten Zeiten ergänzt wird.

Ablauf

Nach der Einführung in das Thema an **Tag 1** wird die Frage besprochen, **warum** wir die Umwelt bzw. das Klima schützen müssen. In diesem Zusammenhang werden wichtige Fachbegriffe geklärt. Um die Schüler für das Thema zu sensibilisieren, ist ein kleiner Ausflug durch das Schulhaus oder in die Umgebung geplant. Die Schüler sollen Umweltverschmutzung, z. B. herumliegenden Müll im Schulhaus, mit dem Fotoapparat (oder mit dem Handy, wenn der Einsatz erlaubt ist) dokumentieren. Dieser Ausflug kann, was durchaus sinnvoll ist, bei einer ganztägigen Projektwoche zeitlich ausgedehnt werden oder, wenn die Zeit an Tag 1 nicht ausreichen sollte, auch an einem anderen Tag stattfinden. Wichtig ist, dass der Ausflug stattfindet und den Schülern durch die selbst gemachten Fotos buchstäblich die Augen öffnet. Die ausgedruckten Fotos werden im Klassenzimmer ausgehängt und können in die Gruppenarbeit oder Präsentation einfließen.

An **Tag 2** wird untersucht, **was** wir tun können, um das Klima zu schützen. Die Schüler erstellen durch unterstützende Sachtexte Klimaschutztipps. Danach wird ein Ranking erstellt. Im Prinzip ist jeder Klimaschutztipp wichtig und ein Ranking fachlich betrachtet eher irrelevant. Aus pädagogischer Sicht dient es aber noch einmal der Vertiefung, da die Schüler bewusst reflektieren, welche individuellen Möglichkeiten des Klimaschutzes ihnen zur Verfügung stehen.

An **Tag 3** beginnen die Schüler, in Gruppen an der **Broschüre** zu arbeiten. Die unterschiedlichen Arbeitsgruppen ermöglichen eine Differenzierung und ein fächerübergreifendes Arbeiten. Die Gruppen können auch individuell gestaltet werden. Je nach Schülerzahl oder Interesse kann eine Gruppe wegfallen oder hinzugefügt werden. Z. B. könnte die Fotogruppe wegfallen, wenn man auf die bereits gemachten Fotos zurückgreift und die Fotos nur zur Illustration benötigt. Möchte man allerdings die Klimatipps einzeln mit Bildern unterstützen, kann man auf die Fotogruppe nicht verzichten. Für das Vor- und Nachwort der Broschüre könnte eine zusätzliche Gruppe gebildet werden oder die Arbeit fällt ebenfalls der Schreibgruppe zu.

Tag 4 steht wieder im Zeichen des einzelnen Schülers. Jeder gestaltet und vollendet mithilfe der in der Gruppenarbeit erarbeiteten Klimaschutztipps und zwei individuellen Tipps seine eigene Broschüre. Zusätzlich schließt jeder einen ganz persönlichen **Umweltvertrag** ab.

An **Tag 5** findet nach einer sorgfältigen **Reflexion** der vergangenen Tage die **Präsentation** statt.

Wochenplan

Tag 1
Warum müssen wir das Klima schützen?

Begrüßung und Einstieg ins Projektthema

Erarbeitung der Grundlagen zum Thema

Praxis: Dein ökologischer Fußabdruck

Praxis: Lerngang, um Müll zu fotografieren

Tag 2
Was können wir tun?

Fakten zum Klimaschutz: Ressourcen

Praxis: Gruppenarbeit – Klimaschutztipps

Praxis: Drei Favoriten auswählen

Praxis: Die zehn wichtigsten Klimaschutztipps

Praxis: Ergebnissicherung

Tag 3
Jetzt geht's los – Das Erstellen der Broschüre

Praxis: Gedanken zur Broschüre

Einteilung der Arbeitsgruppen

Praxis: Erstellung der Broschüre – Teil 1

Stand der Dinge

Tag 4
Mein Vetrag mit der Umwelt

Praxis: Erstellung der Broschüre – Teil 2

Praxis: Den eigenen ökologischen Fußabdruck berechnen lassen

Praxis: Brief der Erde an die Menschen

Praxis: Mein Umweltvertrag

Tag 5
Reflexion und Präsentation

Praxis: Schlussgedanken – Teil 1

Praxis: Schlussgedanken – Teil 2

Praxis: Die Präsentation

Vorbereitung der Projektwoche

Zwei Dinge sind besonders wichtig für die Durchführung der Woche: die Reservierung des Computerraumes und die Absprache mit einem zweiten Kollegen zur Unterstützung, vor allem für den 3. und 4. Tag, wenn manche Schüler im Computerraum arbeiten und andere im Klassenzimmer. Außerdem wäre eine zweite Person als Aufsicht für den Lerngang in die Umgebung nötig.

Es wäre gut, wenn Sie eine Stellwand organisieren können, damit die Schüler an den verschiedenen Tagen ihre Arbeiten und Klimaschutztipps aushängen und über die ganze Woche hinweg unterstützend hängen lassen können. Dazu braucht es natürlich Stecknadeln zum Anpinnen. Des Weiteren wird ein Fotoapparat benötigt, mit dem Sie oder einer der Schüler Fotos von der Projektwoche macht, sowie ein Speicherstick, auf dem Sie das Projekt und die mögliche PowerPoint-Präsentation abspeichern können. Die Schüler sollten für die Projektwoche einen eigenen Ordner anlegen.

Zum Einstieg in das Thema eignet sich im Vorfeld das Sammeln leerer Verpackungen über einen längeren Zeitraum, um die Schüler für die Mengen an Müll zu sensibilisieren, die wir tagtäglich produzieren. Die Aufgabe könnte z. B. lauten, über drei Wochen hinweg leere Plastikflaschen, Cremedosen etc. zu sammeln und zum ersten Projekttag mitzubringen. Erfahrungsgemäß kommt dadurch eine erstaunliche Menge an Plastikmüll zustande. Sollte es unerwünscht sein, den Müll mit in die Schule zu bringen, können die Schüler die Sammlung per Foto festhalten.

Vorbereitung auf Tag 1

- Organisieren Sie einen zweiten Kollegen als Begleitung für den Lerngang.
- Besorgen Sie einen Fotoapparat für den Lerngang.
- Organisieren Sie eine Stellwand (oder große Pinnwand) , die während der ganzen Woche im Klassenzimmer stehen bleibt.
- Stecknadeln zum Anpinnen nicht vergessen!
- Kopieren Sie das Infoblatt „Treibhauseffekt" sowie die Arbeitsblätter 1-5 im Klassensatz.
- Bei Bedarf: Suchen Sie im Internet einen Kurzfilm zum Thema Meeresverschmutzung heraus und reservieren Sie einen Computerraum oder Beamer für den Film.
- Die Schüler bringen die leeren Plastikflaschen, Verpackungen, Aludosen etc. mit (siehe oben).

Tag 1: Warum müssen wir das Klima schützen?

>))))))

Inhalt:	Einführung in das Thema
Materialien:	leere Plastikflaschen und -becher, Infoblatt „Treibhauseffekt"
Dauer:	ca. 45 Min.
Sozialform:	Stuhlkreis, Klassengespräch, Einzelarbeit
Ort:	Klassenzimmer

Nach der Begrüßung im Stuhlkreis holen Sie den gesammelten Plastikmüll in die Mitte des Stuhlkreises. Geben Sie durch diesen stummen Impuls den Schülern die Möglichkeit, ihr Wissen über Plastikmüll und Umweltverschmutzung zu äußern. Fragen Sie anschließend, was die Schüler von dieser Projektwoche erwarten und wieso sie sich für dieses Thema entschieden haben. Handeln sie vielleicht schon in irgendeiner Weise umweltbewusst? Sicherlich werden die Begriffe Klimawandel oder Klimaerwärmung oder Umweltverschmutzung fallen. Wenn die Schüler nicht mehr weiterwissen, können Sie das Infoblatt „Treibhauseffekt" einsetzen. Lesen Sie den Text einmal gemeinsam mit den Schülern durch und klären Sie offene Fragen. Danach kann sich der Stuhlkreis auflösen und die Schüler arbeiten die wichtigsten Informationen aus dem Text heraus, sodass sie anschließend dem Sitznachbarn den Treibhauseffekt erklären können.

))))))

Inhalt:	Plastik überall
Materialien:	AB 1, evtl. Film
Dauer:	45 Min.
Sozialform:	Einzelarbeit, Partnerarbeit
Ort:	Klassenzimmer

Plastik gehört zu den umweltschädlichsten Materialien und ist leider aus unserem Alltag nicht mehr wegzudenken. Wir benutzen Plastik unbedacht. Wer ernsthaft Klimaschutz betreiben möchte, sollte versuchen, auf Plastik zu verzichten. Deshalb ist es wichtig, dass die Schüler diesbezüglich einige Sachinformationen erhalten. Wenn das Arbeitsblatt bearbeitet und besprochen ist, können Sie einen kurzen Film zur Plastikverschmutzung der Meere zeigen. Es gibt eine große Auswahl davon im Internet, z. B. auf YouTube. Diese Filme sprechen für sich und verdeutlichen das Problem des immensen Plastikkonsums.

))))))

Inhalt:	Virtuelles Wasser
Materialien:	AB 2
Dauer:	45 Min.
Sozialform:	Einzelarbeit
Ort:	Klassenzimmer

Das Arbeitsblatt „Virtuelles Wasser" enthält Informationen zu unserem Wasserverbrauch. Besprechen Sie explizit die Abbildung auf dem AB. Fragen Sie nach, welcher Wasserverbrauch die Schüler am meisten überrascht und was diese Informationen mit dem Treibhauseffekt zu tun haben.

⟩⟩⟩⟩❭⟩⟩

Inhalt:	Der ökologische Fußabdruck, Nachhaltigkeit
Materialien:	AB 3 und 4
Dauer:	90 Min.
Sozialform:	Lehrer-Schüler-Gespräch, Einzelarbeit
Ort:	Klassenzimmer

Die beiden Themen gehören zu den Grundlagen des Wissens über Klimaschutz. Deshalb müssen die Schüler die Inhalte lernen und verstehen. Wichtig sind hier auch die Siegel, die Aufschluss darüber geben, wie man nachhaltige Produkte erkennen kann. Lesen und besprechen Sie die Arbeitsblätter gemeinsam mit den Schülern, bevor sie die Aufgaben bearbeiten. Eine mögliche Hausaufgabe wäre, sich zu jedem Arbeitsblatt fünf Fragen (mit Antworten) zu überlegen. Die Abfrage könnte am nächsten Tag spielerisch in Form eines Quiz erfolgen.

⟩⟩⟩⟩⟩❭⟩

Inhalt:	Mein ökologischer Fußabdruck
Materialien:	AB 5
Dauer:	30 Min.
Sozialform:	Einzelarbeit, Klassengespräch
Ort:	Klassenzimmer

Mit dem AB 5 sollen die Schüler ihr eigenes Verhalten reflektieren. Es wird schwerfallen, die eigenen Umweltsünden zu erkennen. Hier können die bisher besprochenen Arbeitsblätter hilfreich sein. Insofern dient diese Aufgabe der Wiederholung und Vertiefung des Lernstoffs. Zur Ergebnisdokumentation bietet es sich an, dass die Schüler ihren Fußabdruck ausschneiden und an die Stellwand pinnen.

⟩⟩⟩⟩⟩⟩❭

Inhalt:	Bewusstmachen der Umweltverschmutzung
Materialien:	Foto oder Handy
Dauer:	variabel
Sozialform:	Lerngang
Ort:	Schulhaus oder nähere Umgebung

Zum Abschluss des ersten Tages sollte der Lerngang durchgeführt werden. Je nach Wetter und Zeitplan kann er im Schulgebäude oder draußen stattfinden. Ziel ist es, den Blick der Schüler für Umweltverschmutzungen im unmittelbaren Umfeld zu schärfen. Die Schüler dürfen Fotos vom Müll oder anderen Umweltsünden machen, um am Ende zu vergleichen: Was ist am häufigsten zu beobachten? Welche Ecken sind besonders zugemüllt? Sollten Sie keine Zeit mehr für diesen Lerngang haben, können Sie das Fotografieren auch als Hausaufgabe aufgeben („Wer schießt das interessanteste/‚schlimmste‘ Foto?") und den Lerngang an einem anderen Tag unternehmen. Es wäre aber sehr wichtig, dass er stattfindet, um die Schüler zu sensibilisieren.

Infotext: Treibhauseffekt

Gletscher schmelzen, die Winter sind zu warm, es gibt mehr Überschwemmungen und Unwetter. Auch in Deutschland macht sich der Klimawandel bereits bemerkbar. Aus anderen Ländern der Welt hören und lesen wir in den Medien von vergifteten Böden, verschmutztem Grundwasser, einem erschreckenden Artensterben und der Eisschmelze an den Polen. Doch wie hängt das alles zusammen?

Ursache für den Klimawandel ist der Treibhauseffekt.

Kurzwellige Sonnenstrahlung durchdringt die Atmosphäre, trifft auf die Erdoberfläche, wird dort in langwellige Wärmestrahlen umgewandelt und von der Erde wieder zurückgestrahlt. Eine Schutzschicht natürlicher Treibhausgase in der Atmosphäre hindert einen Teil dieser Wärmestrahlung daran, ins Weltall zu entweichen. Dieser sogenannte natürliche Treibhauseffekt ermöglicht das Leben auf der Erde, da es sonst zu kalt wäre. Durch die vom Mensch verursachte Zunahme bestimmter Treibhausgase heizt sich die Atmosphäre aber zu stark auf. Diese Erwärmung verursacht den Klimawandel.

Zu den Treibhausgasen zählt Kohlendioxid (CO_2), das hauptsächlich durch die Verbrennung fossiler Energieträger wie Kohle, Öl und Gas, aber auch durch die weltweite Abholzung der Wälder und die Land- und Viehwirtschaft enorm angestiegen ist. Auch Methan (CH_4) und das sogenannte Lachgas (N_2O) entstehen vor allem durch die Viehhaltung und tragen zur Klimaerwärmung bei.

Wird der Ausstoß schädlicher Treibhausgase nicht drastisch gesenkt, wird die Durchschnittstemperatur auf der Erde bis zum Ende des Jahrhunderts um weitere zwei bis vier Grad (je nach Klimamodell) ansteigen. Die Auswirkungen auf unsere Umwelt und unseren Alltag sind schwer abzuschätzen und hängen davon ab, wie schnell der Klimawandel fortschreitet.

Sicher ist, dass die Pole weiter schmelzen werden, wodurch der Meeresspiegel ansteigt und die Lebensräume kleiner werden.

Dagegen müssen wir etwas tun!

Aufgabe:

Lest den Text genau durch und markiert die wichtigen Aussagen. Erklärt danach abwechselnd eurem Sitznachbarn den Treibhauseffekt. Wenn ihr möchtet, könnt ihr euch hier Notizen dazu machen.

Arbeitsblatt 1: Plastik überall

80 Prozent des Plastikmülls, das sind jährlich ca. 13 Millionen Tonnen, gelangen über Flüsse in die Ozeane. Weltweit werden jede Stunde rund 675 Tonnen Müll direkt ins Meer geworfen, die Hälfte davon ist aus Plastik. Jährlich sterben über eine Million Seevögel und über 100 000 Meeressäuger qualvoll durch diesen Müll. (Quelle: Greenpeace)

Heutzutage sind viele Alltagsgegenstände aus Plastik, doch nur etwa die Hälfte der in den Gelben Tonnen und Säcken gesammelten Kunststoffabfälle wird wiederverwertet. Das Sortieren und Verwerten ist zu aufwendig und teuer und bei manchen Plastiksorten auch gar nicht möglich. Die restlichen Plastikabfälle werden verbrannt, was schädliche Emissionen verursacht.

Wenn sich Plastik zersetzt, werden gefährliche Inhaltsstoffe freigesetzt, die sich im Boden anreichern und in die Nahrungskette gelangen. Auch für Menschen kann Plastik schädlich sein. Die sogenannten Weichmacher im Plastik sind löslich und werden von den Lebensmitteln aufgenommen oder verunreinigen über die Spülmaschinen das Wasser. Wenn Plastikartikel riechen, ist Vorsicht geboten.

Aufgaben:

1. Überlege: Wo im Alltag begegnet dir Plastik? Notiere deine Ergebnisse und vergleiche sie mit deinem Nachbarn. Welche Gruppe findet die meisten Gegenstände?

\
\
\
\

2. Überlegt gemeinsam drei Klimaschutztipps, um Plastik zu vermeiden. Tragt sie ein.

1 _____   2 _____   3 _____

Arbeitsblatt 2: Virtuelles Wasser

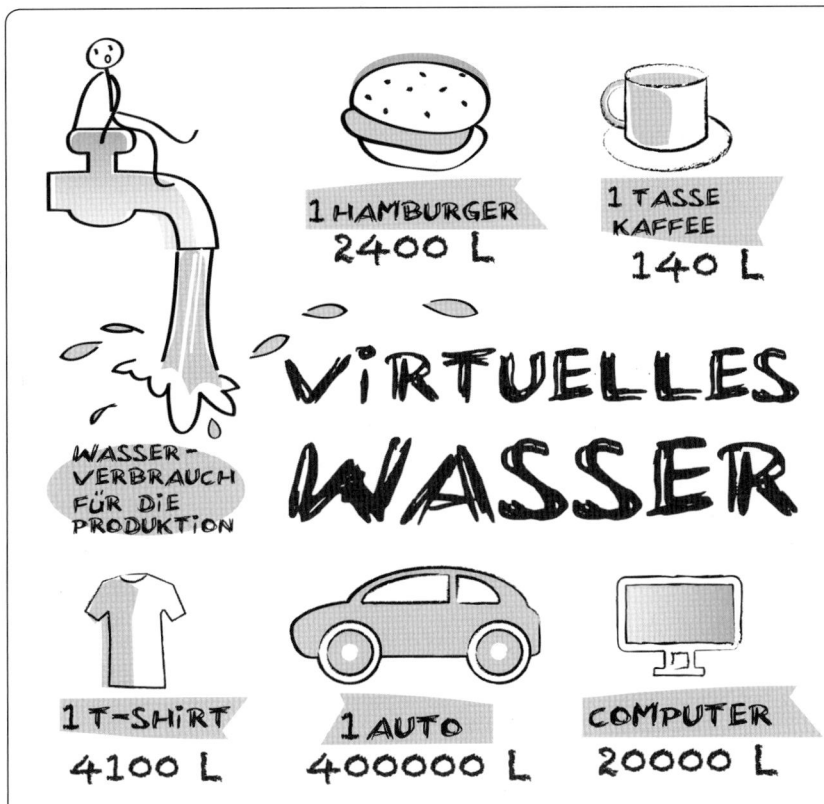

Virtuelles Wasser ist die Menge Wasser, die verbraucht wird, um ein Konsumgut herzustellen. Es ist „verstecktes" Wasser, an dessen Verbrauch wir nicht denken, wenn wir das Produkt kaufen. Obwohl wir Deutschen pro Kopf relativ wenig Wasser verbrauchen (etwa 130 l täglich pro Person), ist unser tatsächlicher Wasserverbrauch, wenn wir das virtuelle Wasser mit einbeziehen, sehr viel höher. Er liegt bei ca. 4 000 l Wasser pro Person und Tag.

Beispiel: Bis ein Schwein mit zehn Monaten geschlachtet wird, hat es 385 kg Futter und damit 11 000 l Wasser benötigt. Die Schlachtung und die Weiterverarbeitung verbrauchen noch einmal 10 000 l. Daraus ergibt sich ein Verbrauch von 4 800 l pro kg Schweinefleisch.

Virtueller Wassergehalt*

1 Tüte Kartoffelchips à 200 g	185 l	1 Tomate à 70 g	13 l
1 kg ungeschälter Reis	2 300 l	1 Apfel	70 l
1 kg Rindfleisch	15 500 l	1 Glas Apfelsaft à 200 ml	190 l
1 Ei	200 l	¼ l Bier	75 l
1 kg Weizen	1 300 l	1 DIN-A4-Blatt	10 l
1 Scheibe Käse à 20 g	100 l	1 kg Recyclingpapier	20 l
1 Glas Milch à 200 ml	200 l		

* http://www.virtuelles-wasser.de

Aufgabe:

Du trinkst ein Glas Apfelsaft, isst einen Hamburger und später noch eine Tüte Kartoffelchips und einen Apfel. Vergleiche den Verbrauch des virtuellen Wassers mit dem „normalen" Pro-Kopf-Verbrauch eines Deutschen.

Arbeitsblatt 3: Der ökologische Fußabdruck

Nahrung, Kleidung, Handys, Möbel, Autos … Alle Dinge, die ein Mensch zum Leben braucht, müssen hergestellt werden. Dafür werden Bodenschätze, Holz, Wasser und Energie benötigt. Bodenschätze sind über Jahrmillionen entstanden und wachsen nicht nach. Sie sind also nur begrenzt vorhanden und ihr Abbau belastet die Umwelt.

Je mehr Ressourcen wir verbrauchen, umso mehr belasten wir die Umwelt und das Klima.

Der ökologische Fußabdruck zeigt auf, wie viel Fläche auf der Erde benötigt wird, um die Energie und Rohstoffe zur Verfügung zu stellen, die ein Mensch braucht, um seinen Lebensstil zu leben. Zu dieser produktiven Landfläche gehören Ackerflächen, Weideland, Wälder, bebaute Flächen, Seen und Meere.

> Der globale Hektar (gha) ist die Maßeinheit, in der der ökologische Fußabdruck gemessen wird. Er zeigt, wie nachhaltig der Lebensstil eines einzelnen Menschen ist oder wie die Ökobilanz für eine Stadt oder ein ganzes Land aussieht.
>
> Wäre der Energieverbrauch gerecht verteilt, stünde jedem Menschen ein Wert von etwa 1,7 gha zur Verfügung.
>
> Laut dem Living Planet Report 2016, einer Studie der Umweltorganisation WWF, die den Verbrauch der Erde nach Nationen aufzeigt, liegt der ökologische Fußabdruck eines Deutschen bei etwa 5,3 gha. Damit nimmt Deutschland einen Spitzenwert ein.

Aufgaben:

1. **Erkundige dich: Wie groß ist ein Hektar?**

2. **Wenn du vom „fairen" Wert des ökologischen Fußabdrucks ausgehst, um wie viel ist der ökologische Fußabdruck eines Deutschen größer?**

3. **Berechne: Würden alle Menschen so leben wie wir in Deutschland, müsste die Erde _____ mal größer sein, als sie ist.**

Arbeitsblatt 4: Nachhaltigkeit

Wir Menschen gehen sehr verschwenderisch mit den Rohstoffen um und beachten nicht, dass unsere Erde nur eine begrenzte Menge an natürlichen Ressourcen besitzt. Damit wir aber unseren Kindern und deren Kindern eine lebenswerte Zukunft hinterlassen können, müssen wir sorgsam mit den Ressourcen umgehen, d. h., wir müssen Energie einsparen und erneuerbare Energien nutzen. Nachhaltigkeit bedeutet, dass man das, was man der Natur entnimmt, ihr wieder zuführt, damit kommende Generationen keinen Nachteil haben. Das würde z. B. bedeuten, dass man einen gefällten Baum dadurch ausgleicht, dass man einen jungen Baum nachpflanzt. Natürlich dauert es viele Jahre, bis ein Baum nachgewachsen ist und wieder so viel Sauerstoff produzieren wird wie ein älterer Baum. Deshalb ist es am effektivsten, von vornherein Energien und Ressourcen einzusparen und möglichst wiederzuverwerten.

Manchmal erkennt man nicht auf den ersten Blick, dass mit einem Produkt Raubbau an der Natur betrieben wird. Palmöl ist z. B. das am meisten produzierte Pflanzenöl, das in vielen Lebensmitteln, aber auch in Kerzen enthalten ist. Wusstest du, dass bereits 15 Millionen Hektar Regenwald für Palmölplantagen gerodet wurden, darunter Torfmoorwälder, die besonders viel CO_2 binden? Mit der Rodung des Regenwaldes stirbt natürlich auch der Lebensraum vieler Tier- und Pflanzenarten.

Nachhaltige Umweltsiegel

Manche Produkte tragen ein Gütesiegel, das garantieren soll, dass die Gewinnung und Produktion des jeweiligen Produktes unter nachhaltigen Bedingungen erfolgt ist. Da viele Siegel aber nicht wirklich nachhaltigen Standards entsprechen, sondern nur zu Werbezwecken genutzt werden, kann man leider nicht jedem Siegel vertrauen.

Hier eine Auswahl von Gütesiegeln, die streng kontrolliert werden:

Das **FSC**-Siegel (Forest Stewardship Council) steht für Holzprodukte aus nachhaltiger Waldbewirtschaftung ebenso das **PEFC**-Siegel (Programme for the Endorsement of Forest Certification Schemes).

Im Textilhandel garantiert das **GOTS**-Siegel (Global Organic Textile Standard) eine umweltschonende und sozial verantwortliche Herstellung der Bekleidung.

Das Umweltzeichen **Blauer Engel** ist ebenfalls ein Gütesiegel für umwelt- und klimaverträgliche Produkte.

Aufgaben:

1. **Sicherlich ist dir das Gütesiegel Blauer Engel schon begegnet. Wofür steht es?**

2. **Sage deine Meinung: Was hat Klimaschutz mit Gerechtigkeit zu tun?**

Arbeitsblatt 5: Mein ökologischer Fußabdruck

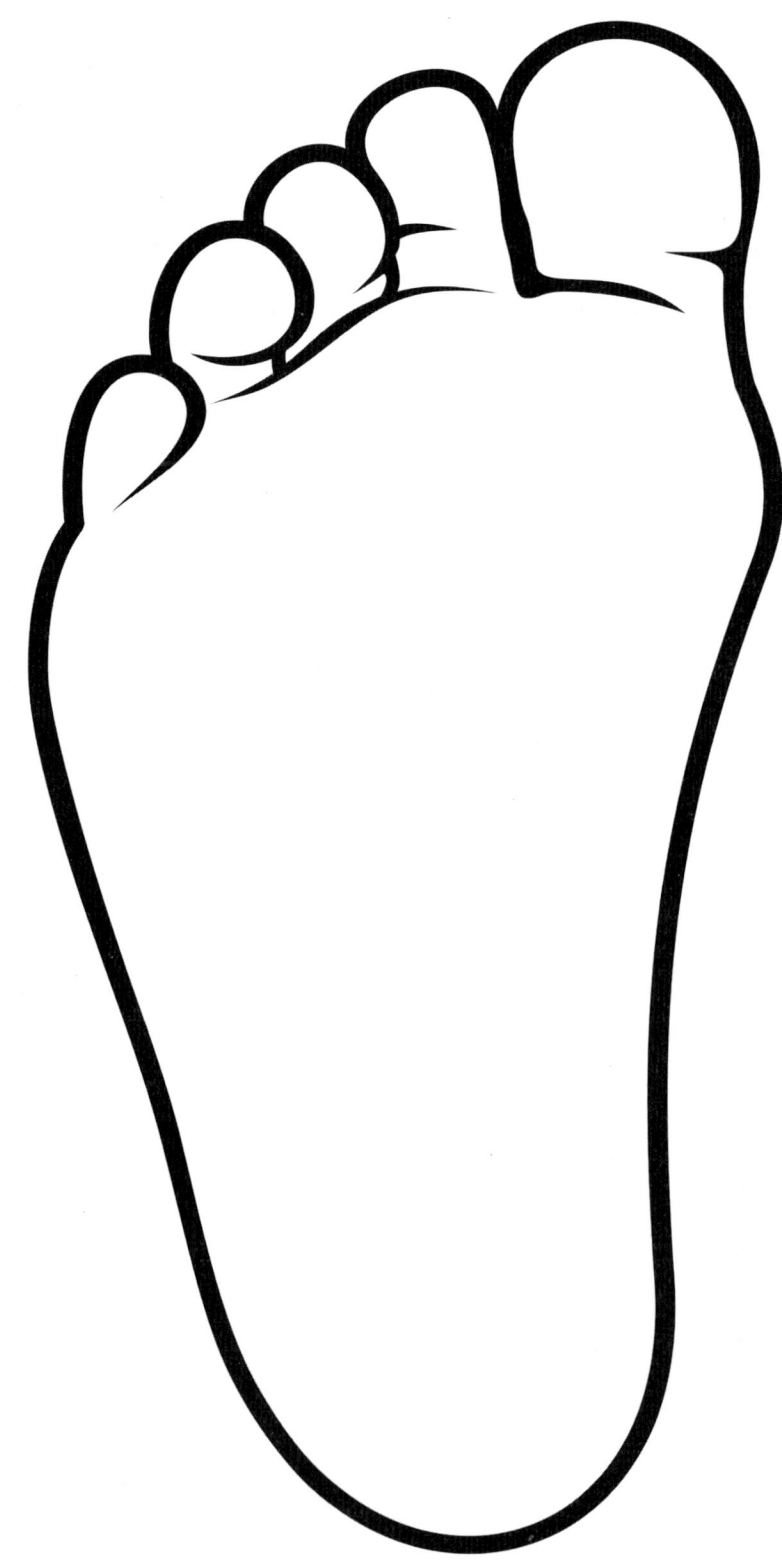

Aufgabe:

Denke einmal über dein Verhalten nach. Lebst du auf großem Fuß?
Trage deine Umweltsünden in den Fußabdruck ein.

Lösungen Tag 1

AB 1: Plastik überall

individuelle Nennungen möglich

AB 2: Virtuelles Wasser

	1 Hamburger:	2 400 l
+	1 Glas Apfelsaft:	190 l
+	1 Tüte Kartoffelchips:	185 l
+	1 Apfel:	70 l
=		2 845 l virtuelles Wasser → 2 845 l : 130 l = 21,8

Diese eine Mahlzeit verbraucht 21,8-mal mehr Wasser, als ein Deutscher durchschnittlich am Tag verbraucht.

AB 3: Der ökologische Fußabdruck

1. 1 Hektar (ha) = 100 m x 100 m = 10 000 m²
2. Deutschland: 5,3 gha - fairer Wert: 1,7 gha = 3,6 gha
3. Die Erde müsste ca. 3-mal so groß sein.

AB 4: Umweltsiegel

Vorbereitung auf Tag 2

- Kopieren Sie die Arbeitsblätter 1–7 im Klassensatz.

- Bereiten Sie ein DIN-A4-Blatt für den Einstieg in die Stunde vor, auf dem in großer Schrift der Begriff **Ressourcen** steht.

- Besorgen Sie unbeschriebene Blätter, möglichst in einer Farbe (vier pro Expertengruppe) und kopieren Sie Arbeitsblatt 6 in derselben Farbe.

- Besorgen Sie Klebepunkte für das Ranking (pro Schüler drei Stück).

- Bereiten Sie die Stellwand und Stecknadeln vor, um die Klimaschutztipps anzuheften, alternativ können Sie auch eine Pinnwand oder Tafel mit Magneten verwenden.

Tag 2: Was können wir tun?

Fakten zum Klimaschutz: Ressourcen

❱❭❭❭❭❭

Inhalt:	Fakten zum Klimaschutz: Ressourcen
Materialien:	Infotext „Ressourcen", AB 1, AB 2
Dauer:	45 Min.
Sozialform:	Stuhlkreis, Klassengespräch, Einzelarbeit
Ort:	Klassenzimmer

Beginnen Sie den zweiten Tag mit einem Stuhlkreis und besprechen Sie mit den Schülern zunächst die Eindrücke des ersten Projekttages. Haben die Schüler schon bewusster herumliegenden Müll wahrgenommen oder sogar selbst zum Thema recherchiert? Legen Sie nun das vorbereitete Blatt mit dem Begriff „Ressourcen" als stummen Impuls in die Mitte, um Schülerwissen abzufragen. Anschließend teilen Sie den Infotext „Ressourcen" aus, lesen ihn gemeinsam mit der Klasse durch und klären offene Fragen. Danach gehen die Schüler an ihre Plätze und bearbeiten AB 1 und AB 2. AB 2 stellt einen Auszug aus dem Living Planet Report 2016 dar. Die beeindruckenden Fakten belegen die Dringlichkeit des Klimaschutzes.

Praxis: Gruppenarbeit – Klimaschutztipps

❭❭❱❭❭❭

Inhalt:	Was können wir tun? Teil 1
Materialien:	AB 3a–e, je Gruppe vier leere Blätter, dicke Filzstifte, Stecknadeln oder Magnete
Dauer:	90 Min.
Sozialform:	Gruppenarbeit, Schülervorträge
Ort:	Klassenzimmer

In dieser Einheit erhalten die Schüler weitere Informationen zum Klimaschutz. Es gibt fünf verschiedene Arbeitsblätter für insgesamt fünf Gruppen (à vier Schüler). Jede Gruppe bekommt ein Arbeitsblatt, das gemeinsam zu erarbeiten ist. Die Arbeitsblätter liefern wichtige Fakten zum Klimawandel. Sollten Sie mehr Schüler in der Klasse haben, kommen Gruppen doppelt vor. Die Schüler sollen sich die Texte selbst erarbeiten und anschließend den anderen vortragen. Sie bilden Expertengruppen und erstellen die ersten Klimaschutzregeln.

Teilen Sie mit den jeweiligen Arbeitsblättern jeder Gruppe vier unbeschriebene DIN-A4-Blätter aus, auf die sie ihre vier Klimaschutztipps schreiben können. Diese Tipps werden nach der Präsentation an die Stellwand gepinnt oder mit Magneten an die Tafel geheftet. Insgesamt werden so von den fünf Gruppen 20 Klimaschutztipps erstellt.

Praxis: Drei Favoriten auswählen

》》》》》》

Inhalt:	Was können wir tun? Teil 2
Materialien:	AB 4
Dauer:	ca. 45 Min.
Sozialform:	Einzelarbeit, Partnerarbeit
Ort:	Klassenzimmer

Jeder Schüler sucht sich aus dem durch die vorherige Aufgabe erstellten Pool von 20 Klimaschutztipps fünf heraus und trägt sie in das AB 4 ein. Anschließend werden diese fünf Klimaschutztipps ausgeschnitten und auf dem Tisch ausgebreitet, um sie mit der Auswahl des Nachbarn zu vergleichen. In der Zweiergruppe einigen sie sich auf drei gemeinsame Favoriten aus der Menge ihrer Klimaschutztipps.

Praxis: Die zehn wichtigsten Klimaschutztipps

》》》》》》

Inhalt:	Was können wir tun? Teil 3
Materialien:	Klebepunkte o. Ä. (drei pro Schüler)
Dauer:	45 Min.
Sozialform:	Partnerarbeit (Wir-Gespräch), Klassengespräch
Ort:	Klassenzimmer

Die Ergebnisse werden in der Klasse besprochen. Jede Zweiergruppe begründet, warum sie sich für diese drei Tipps entschieden hat und darf hinter das jeweilige Gegenstück an der Stellwand/Tafel mit einem Klebepunkt/Kreidestrich einen Punkt für diesen Tipp vergeben. So wird durch die Zweiergruppen automatisch ein Ranking der wichtigsten Klimaschutztipps erstellt.

Praxis: Ergebnissicherung

》》》》》

Inhalt:	Ergebnissicherung
Materialien:	AB 5
Dauer:	15 Min.
Sozialform:	Einzelarbeit
Ort:	Klassenzimmer

Die zehn von den Schülern am häufigsten ausgewählten Klimaschutztipps werden in das dafür vorgesehene AB 5 eingetragen. Sie bilden die Grundlage für die Broschüre.

Als schriftliche **Hausaufgabe** sollen sich die Schüler mögliche Titel für die Broschüre überlegen.

Infotext: Ressourcen

Unter Ressourcen versteht man natürliche Vorkommen von Rohstoffen, aber auch von Flächen, Boden, Wasser und Luft. Rohstoffe werden aus der Natur gewonnen und zu einem Konsumgut weiterverarbeitet. Natürliche Ressourcen werden in erneuerbare und nicht erneuerbare eingeteilt.

Nicht erneuerbare Ressourcen sind z. B. fossile Brennstoffe oder Bodenschätze, die im Bergbau gewonnen werden. Sind sie abgebaut, stehen sie nicht mehr zur Verfügung.

Der Bestand **erneuerbarer** Ressourcen kann nachwachsen oder sich erholen, wenn er nicht zu stark ausgebeutet wird. Dazu zählen vor allem lebende Ressourcen, wie z. B. Fische, Wälder und Wildpflanzen. Aber auch unbelebte Stoffe wie Wasser, Wind und Sonnenenergie gehören dazu.

Auch wenn der Verbrauch von erneuerbaren Ressourcen steigt, bedeutet das nicht zwangsläufig eine Verbesserung. Erneuerbare Ressourcen haben ebenfalls ihre Schattenseiten und können der Umwelt schaden. Bei der Erzeugung von Biomasse, die z. B. in Form von Mais oder Raps angebaut wird, um Biokraftstoffe herzustellen, wird ebenfalls Wasser benötigt und oft werden Dünger, Pflanzen- und Insektenmittel eingesetzt. Der Anbau ist deshalb sehr umstritten.

Das Mittelmeer und die Nordsee sind bereits überfischt, d. h., die Bestände erholen sich nicht so schnell, wie sie abgefischt werden. Nach Angaben der Ernährungs- und Landwirtschaftsorganisation der Vereinten Nationen (FAO) wird die Fischerei bis 2050 zusammenbrechen, wenn wir nicht umdenken.

Neben den Lebewesen im Meer sind die Gewässer selbst und das Grundwasservorkommen bedroht. Auch unser Wald ist nicht ausreichend geschützt. Erst fünf Prozent der weltweit nutzbaren Wälder sind FSC-zertifiziert.

Deshalb ist es wichtig, dass wir nicht nur recyceln, sondern sparsam mit allen Ressourcen umgehen.

Recycling: Wiederverwertung und Aufbereitung von Rohstoffen, die vorher bereits verarbeitet waren und nun noch einmal für denselben oder einen neuen Zweck verwendet werden

Arbeitsblatt 1: Erneuerbare oder nicht erneuerbare Ressourcen?

Gold | Aluminium | Weizen | Silber | Platin | Kakao | Holz | Nickel | Soja | Reis | Orangensaft | Baumwolle | Raps | Erdöl | Benzin | Heizöl | Rinder | Kohle | Hafer | Hirse | Fische | Blei | Quecksilber | Zink | Wolle | Mais | Kupfer | Strom | Kaffee | Erdgas | Schweine | Roggen | Titan | Zinn | Hühner

Aufgabe:

Teile die oben genannten Begriffe in erneuerbare und nicht erneuerbare Ressourcen ein.

Kannst du die Rohstoffe in Gruppen zusammenfassen?

erneuerbare Ressourcen	nicht erneuerbare Ressourcen

Arbeitsblatt 2: Rohstoffe – Auszug aus dem Living Planet Report 2016

Nenne einige Rohstoffe und überlege, wofür sie gebraucht werden.

_____

_____

_____

Wusstest du das?

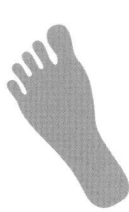

1,6 ERDEN

Die Menschheit verbrauchte im Jahr 2012 die Ressourcen und Leistungen von 1,6 Erden.

239 MILLIONEN

Zwar hat sich der globale Waldverlust in den letzten 25 Jahren verlangsamt. Doch neueste Daten zeigen, dass 239 Millionen Hektar Naturwälder (brutto) seit 1990 vernichtet wurden – eine Fläche mehr als sechseinhalbmal so groß wie Deutschland.

34 PROZENT

Landwirtschaft wird etwa auf 34 % der gesamten Landfläche der Erde betrieben und auf etwa der Hälfte der Böden, auf denen Pflanzen wachsen können.

278 MILLIONEN

Die weltweite Produktion von Soja hat mit 278 Mio. t (2013) einen neuen Höchststand erreicht. Grund ist die wachsende Nachfrage nach Fleischprodukten. Denn Soja findet im Tierfutter Verwendung. Doch expandierender Sojaanbau führt zur Entwaldung biologisch wichtiger Lebensräume.

67 PROZENT

Die untersuchten Wildtierbestände insgesamt sind besorgniserregend geschrumpft und werden voraussichtlich bis 2020 um durchschnittlich 67 % abnehmen.

-2 PROZENT

Die untersuchten Bestände von Wirbeltierarten (Säugetiere, Vögel, Fische, Amphibien und Reptilien) haben sich innerhalb von etwa 40 Jahren im Durchschnitt mehr als halbiert. Die Daten zeigen eine durchschnittliche Abnahme um 2 % im Jahr.

3 MILLIARDEN

Weltweit decken mehr als 3 Milliarden Menschen 20 Prozent ihres Bedarfs an tierischem Eiweiß aus Meeresfischbeständen. Andererseits – so Schätzungen – befinden sich 31,4 % der Fischbestände auf einem „biologisch nicht nachhaltigen Niveau". Mit anderen Worten: Sie werden überfischt.

Arbeitsblatt 3a: Was hat die Tierhaltung mit dem Klimawandel zu tun?

In der heutigen Landwirtschaft überwiegt die **Massentierhaltung**. Abgesehen von den damit einhergehenden Qualen für die Tiere ist die Massentierhaltung für die Hälfte der klimaschädlichen Gase verantwortlich. Die Haltung und Fütterung der Tiere setzt vor allem Methan, Stickoxide und CO_2 frei. Da die Tiere meist mit Soja gefüttert werden, das in Asien oder Südamerika angebaut wird, muss für den übergroßen Bedarf der Regenwald gerodet werden. Der Transport von Soja nach Europa setzt wiederum große Mengen an CO_2 frei. Zudem ist Soja oft gentechnisch verändert.

Weitere Treibhausgasemissionen entstehen durch Düngung auf dem Feld, durch die Verdauung von Wiederkäuern und später auch durch die Weiterverarbeitung des Fleisches.

Ein Großteil der Bevölkerung in Deutschland legt Wert auf preiswertes Fleisch. Niedrige Preise können aber nur durch Massentiehaltung erreicht werden. Die extrem enge Haltung der vielen Tiere belastet sie, wodurch sie natürliche Stresshormone ausschütten. Damit die Tiere keine Krankheiten bekommen, werden ihnen vorbeugend Antibiotika verabreicht. Ein Krankheitsfall könnte in der Massentierhaltung den ganzen Bestand vernichten. Bevor die Tiere getötet werden, bekommen sie oft noch ein Beruhigungsmittel, damit sie in der Stresssituation nicht vor der Tötung sterben, denn dann dürfen sie nicht mehr verwertet werden. Alle diese Medikamente und Hormone verbleiben nach dem Tod der Tiere im Fleisch, sie können nicht mehr abgebaut werden.

Die Großställe belasten Böden und Gewässer. Die Gülle mitsamt den Keimen und Medikamentenrückständen wird auf die umliegenden Felder ausgebracht, die allerdings nicht ausreichen, um die großen Mengen aufzunehmen. In Niedersachsen müssen z. B. 2,3 Millionen Tonnen Gülle abtransportiert werden, weil die Felder schon überdüngt sind. Die Folge ist eine Verschmutzung der Böden und des Grundwassers, inklusive einer hohen Nitratbelastung. Zusätzlich belasten Ammoniakemissionen die Luft. 52 Prozent der Ammoniakemissionen Deutschlands stammen aus der Rinderhaltung, 20 Prozent aus der Schweinehaltung, neun Prozent aus der Geflügelhaltung. Und die Zahl der riesengroßen Massentierhaltungsbetriebe nimmt weiter zu!

Aufgaben:

1. **Lest den Text gemeinsam mit eurer Gruppe durch. Fasst dann das Wichtigste zusammen und schreibt es heraus.**

2. **Formuliert entsprechend dem Inhalt eures Textes vier Klimaschutztipps. Schreibt jeden dieser Tipps auf ein Blatt.**

3. **Stellt nun den Inhalt eures Textes den anderen Gruppen vor und erklärt, warum ihr euch für diese vier Tipps entschieden habt.**

Arbeitsblatt 3b: Was haben Metalle mit dem Klimawandel zu tun?

Zu den **Metallen** gehören z. B. Aluminium, Blei, Eisen, Gold, Kupfer, Wolfram, Zink, Cadmium und Quecksilber. Sie sind für den Menschen wichtige Werkstoffe. Reine Metalle, z. B. Kupfer oder Aluminium, besitzen eine große Leitfähigkeit und werden deshalb zur Herstellung elektrischer Leitungen benutzt. Bei uns gibt es nur wenig Metallvorkommen. Deutschland gehört zu den größten Rohmetallimporteuren Europas. 80 Prozent der importierten Rohmetalle werden als veredelte Endprodukte wieder exportiert. Die meisten Metallvorkommen gibt es in Entwicklungsländern. Der Abbau geschieht häufig unter menschenunwürdigen Bedingungen und durch Kinderarbeit. Um die Metalle freizulegen, werden giftige Stoffe benutzt, wie z. B. Cyanid bei der Gold- oder Silbergewinnung. Mithilfe von Cyanidlösungen werden die Edelmetalle aus den Gesteinen herausgelöst. Wasser, das ebenfalls zum Herauslösen benutzt wird, ist danach verseucht. Durch den Wasserverbrauch sinkt der Grundwasserspiegel, was zur Folge hat, dass Flüsse austrocknen und sogar ganze Landstriche verwüsten. Schwermetalle, die beim Abbau freigelegt werden, belasten die Umgebung. Nach dem Abbau bleiben für immer vergiftete Böden, Schlämme und Ablagerungen zurück, auf denen kein Leben mehr möglich ist. Zusätzlich schaden die Transportwege mit ihrem hohen CO_2-Ausstoß dem Klima.

Wir benötigen diese Metalle z. B. für unsere Handys, Alufolie oder Aludosen. Die für die Herstellung von einer Tonne Aluminium benötigte Energie entspricht dem Gesamtverbrauch eines deutschen Durchschnittshaushaltes innerhalb von drei bis vier Jahren. Für die Herstellung eines goldenen Ringes fallen 20 Tonnen an giftigem Abfall an.

Aufgaben:

1. Lest den Text gemeinsam mit eurer Gruppe durch. Fasst dann das Wichtigste zusammen und schreibt es heraus.

2. Formuliert entsprechend dem Inhalt eures Textes vier Klimaschutztipps. Schreibt jeden dieser Tipps auf ein Blatt.

3. Stellt nun den Inhalt eures Textes den anderen Gruppen vor und erklärt, warum ihr euch für diese vier Tipps entschieden habt.

Arbeitsblatt 3c: Was haben Plantagen mit dem Klimawandel zu tun?

Plantagen sind **Monokulturen**. Das bedeutet, dass auf einer großen Fläche meist über Jahre hinweg nur eine einzige Art angepflanzt wird. Den Bedürfnissen der jeweiligen Pflanze entsprechend, wird der Boden einseitig ausgelaugt. Nährstoffverarmung, Erosion, Schädlings- und Pilzbefall sind die Folgen, die man mit erhöhtem Einsatz von Düngemitteln und Pflanzenschutzmitteln zu verhindern versucht. Düngemittel schaden der Umwelt, denn sie geben die Treibhausgase Lachgas und Methan frei. Eine Tonne Lachgas schädigt das Klima so stark wie 310 Tonnen Kohlendioxid.

Über den Wasserkreislauf gelangen die Dünger ins Meer und nähren dort die Algen, was zu einem Sauerstoffmangel des Meeres führt. Stickstoffdünger gilt als besonders klimaschädlich.

Gentechnisch veränderte Pflanzen werden gezüchtet, die widerstandsfähig gegen Schädlinge sein sollen. Doch die Bekämpfung einer Schädlingsart bewirkt, dass andere Schädlingsarten auftreten. Durch Monokultur werden die Bodenflächen unbrauchbar, Tier- und Pflanzenarten verschwinden.

Bei uns werden hauptsächlich Mais und Raps in Monokulturen angebaut. Um Sojapflanzen, Kakao oder Kaffee anzupflanzen, wird Regenwald gerodet. Dies ist ein weltweites Problem, denn der Regenwald gilt als Weltspeicher für Kohlendioxid. Wie alle Wälder filtern die Regenwälder Kohlendioxid aus der Atmosphäre und geben stattdessen den lebensnotwendigen Sauerstoff ab. Das in den Bäumen und Torfmooren gespeicherte Kohlendioxid wird durch die Abholzung in die Atmosphäre freigesetzt und beschleunigt die Erderwärmung. Böden, auf denen ehemals Regenwald stand, werden durch Monokultur unfruchtbar. Viele bisher unbekannte Tier- und Pflanzenarten, die durch den Raubbau aussterben, bleiben für immer unentdeckt. Weitere Gründe, warum der Regenwald gerodet wird, sind: Ausbeutung der Bodenschätze, Platzbedarf für Rinderweiden, Palmöl-, Kokos- oder Bananenplantagen und Holzgewinnung für Tropenholzmöbel oder Papier.

Aufgaben:

1. **Lest den Text gemeinsam mit eurer Gruppe durch. Fasst dann das Wichtigste zusammen und schreibt es heraus.**

2. **Formuliert entsprechend dem Inhalt eures Textes vier Klimaschutztipps. Schreibt jeden dieser Tipps auf ein Blatt.**

3. **Stellt nun den Inhalt eures Textes den anderen Gruppen vor und erklärt, warum ihr euch für diese vier Tipps entschieden habt.**

Arbeitsblatt 3d: Was hat Energie mit dem Klimawandel zu tun?

Fossile Energieträger tragen aus mehreren Gründen zum Klimawandel bei. Durch die Verbrennung entstehen klimaschädliche Treibhausgase. Braunkohlekraftwerke sind die CO_2-intensivste Form der Strom- und Wärmeerzeugung.

Deutsche Steinkohle muss tief aus den Bergwerken gefördert werden, während die Braunkohle im Tagebau abgebaut wird. Dadurch wird Landschaft zerstört. Ganze Dörfer werden umgesiedelt und durch die Kohleförderung werden große Flächen in Mondlandschaften verwandelt. In anderen Ländern wird Kohle generell im Tagebau abgebaut. Beim Abbau werden Schwermetalle wie Quecksilber und Arsen freigesetzt. Sie vergiften die Umwelt und gefährden die Gesundheit der Arbeiter und Anwohner.

Beim Kohleabbau entstehen immense Staubmengen. Bei der Verbrennung von Kohle entstehen neben Kohlendioxid auch Schwefeldioxid und Schadstoffe wie Asche, Feinstaub und Schwermetalle.

Heutzutage ist klar, dass vor allem die Ressource Erdöl knapp wird und nur noch für wenige Jahrzehnte in den Mengen abgebaut werden kann, wie wir es heute machen. 1985 mussten die USA bereits 30 Prozent ihres Bedarfes an Erdöl aus dem Ausland dazukaufen, heute sind es schon 60 Prozent.

Schweröl oder Heizöl dient als Dieselkraftstoff für Schiffsmotoren. Es enthält bis zu zweieinhalb Prozent unbrennbare Bestandteile. Schweröl hat einen hohen Schadstoffausstoß, besonders an Ruß und Schwefel. Laut NABU (Naturschutzbund Deutschland) stößt ein einziger Ozeanriese auf einer Kreuzfahrt so viele Schadstoffe aus wie fünf Millionen Pkw.

Auch die früher als „saubere Energie" propagierte Kernkraft schadet dem Klima und der Umwelt durch das radioaktive Uran und den Atommüll, für den man bis heute auf der ganzen Welt noch keine geeignete Endlagerstätte gefunden hat.

Um die klimaschädlichen Emissionen zu senken, werden erneuerbare Energien gefördert. Zu ihnen gehören Bioenergie, Sonnenenergie, Windenergie, Wasserkraft und Geothermik. Sie stehen ausreichend zur Verfügung und gelten als weitgehend umweltfreundlich. Elektrizität aus erneuerbaren Energiequellen wird als Ökostrom bezeichnet.

Aufgaben:

1. **Lest den Text gemeinsam mit eurer Gruppe durch. Fasst dann das Wichtigste zusammen und schreibt es heraus.**

2. **Formuliert entsprechend dem Inhalt eures Textes vier Klimaschutztipps. Schreibt jeden dieser Tipps auf ein Blatt.**

3. **Stellt nun den Inhalt eures Textes den anderen Gruppen vor und erklärt, warum ihr euch für diese vier Tipps entschieden habt.**

Arbeitsblatt 3e: Was hat die Landwirtschaft mit dem Klimawandel zu tun?

„Die Landwirtschaft ist heute der Hauptverursacher des Verlusts von Tier- und Pflanzenarten sowie der Belastung von Böden und Gewässern." *

Vor allem Monokulturen schaden der Umwelt. Durch den einseitigen Anbau laugt der Boden aus. Um dennoch eine gewinnbringende Ernte einzufahren, müssen immer mehr Dünger, Pflanzenschutzmittel und Insektizide eingesetzt werden. Auch kommt immer mehr gentechnisch verändertes Saatgut zum Einsatz. Pflanzengift und Insektenschutzmittel schaden vielen Insektenarten und insektenfressenden Tierarten. All dies hat negative Auswirkungen auf die Artenvielfalt.

Zehn bis zwölf Prozent der weltweiten Treibhausgasemissionen stammen aus der Landwirtschaft. Dabei handelt es sich hauptsächlich um Emissionen von Methan und Lachgas. Die Hauptursache für die Emission von Methan sind die Rinderzucht und der Reisanbau. Lachgas entsteht durch künstliche Düngung. Durch intensive Düngung kommt es zu einer hohen Nitratkonzentration im Boden. Das Nitrat wird vom Oberflächen- und Grundwasser aufgenommen, ebenso von den Pflanzen. Nitrat ist äußerst gesundheitsschädlich.

Die Landwirtschaft ist mit einem Anteil von 95 Prozent Hauptverursacher des Luftschadstoffs Ammoniak. 15 Prozent der Ammoniakemissionen in Deutschland stammen aus der Mineraldüngeranwendung.

Da für die wachsende Weltbevölkerung immer mehr Nahrungsmittel benötigt werden, wird weltweit immer mehr Ackerfläche bearbeitet. Dadurch sind Ökosysteme wie der tropische Regenwald, Moore und Wiesen bedroht. Doch nicht nur für die Nahrungsmittelproduktion werden Ackerflächen benötigt, sondern auch für den Anbau von Energiepflanzen, wie z. B. Raps oder Mais. Dass diese Energiepflanzen meist in Monokulturen angebaut werden, verstärkt die schädlichen Auswirkungen auf die Umwelt. Wenn für den Anbau von Energiepflanzen natürliche Vegetation beseitigt wird, sind die Emissionen größer als die Einsparung durch pflanzliche Energienutzung. Es ist also nicht immer der Fall, dass Energienutzung durch Pflanzen umweltfreundlich ist.

Living Planet Report 2016, S. 28

Aufgaben:

1. **Lest den Text gemeinsam mit eurer Gruppe durch. Fasst dann das Wichtigste zusammen und schreibt es heraus.**

2. **Formuliert entsprechend dem Inhalt eures Textes vier Klimaschutztipps. Schreibt jeden dieser Tipps auf ein Blatt.**

3. **Stellt nun den Inhalt eures Textes den anderen Gruppen vor und erklärt, warum ihr euch für diese vier Tipps entschieden habt.**

Hättest du's gewusst?

Welterschöpfungstag

Am 2. August 2017 war Welterschöpfungstag. So wird der Tag genannt, an dem die 7,5 Milliarden Menschen auf der Erde die nachhaltig nutzbaren Ressourcen der Erde für das laufende Jahr verbraucht haben. Für den Rest des Jahres lebt die Weltbevölkerung also über ihre Verhältnisse und damit auf Kosten zukünftiger Generationen.1987 fiel der Welterschöpfungstag auf den 19. Dezember. Seither rutscht er im Kalender immer weiter nach vorne. Deutschland hatte schon am 24. April 2017 seine Ressourcen für das Jahr aufgebraucht.

Graue Energie

Die sogenannte graue Energie ist die Menge an Energie, die benötigt wird, um ein Produkt herzustellen, zu transportieren, zu lagern, zu verkaufen und zu entsorgen. Dabei wird auch die Energie berücksichtigt, die für Vorprodukte und die Rohstoffgewinnung nötig ist. Sie wird graue Energie genannt, weil sie für den Verbraucher nicht direkt sichtbar ist (vgl. virtuelles Wasser).

Mikrobeads

Neben allen möglichen Plastikteilen gelangen auch Mikrokunststoffe aus Kosmetikprodukten ins Abwasser und schließlich in die Meere. Diese sogenannten Mikrobeads sind in Shampoos, Reinigungsgels, Lippenstiften etc. enthalten. Sie werden von Fischen und anderen Meerestieren aufgenommen, gefährden dadurch deren Leben oder gelangen in die Nahrungskette, an deren Ende oft auch der Mensch steht.

Nitratrichtlinie der EU

In Deutschland liegt die Grundwasserverschmutzung durch Nitrat auf fast einem Drittel der Fläche des Landes über dem EU-weit gültigen Grenzwert von 50 Milligramm pro Liter. Diese hohen Werte werden vor allem durch das Düngen in der Landwirtschaft verursacht. Um die Wasserqualität zu verbessern, muss die Landwirtschaft auf nachhaltigere Prozesse umsteigen.

Containern

Weltweit hungern täglich eine Milliarde Menschen. Das ist umso schrecklicher, wenn man bedenkt, dass mit der globalen Lebensmittelproduktion nahezu 12 Milliarden Menschen ernährt werden können. Doch ein Großteil davon wird in den Industrieländern als Überschuss produziert und weggeworfen, sobald das Mindesthaltbarkeitsdatum überschritten ist oder Druckstellen zu sehen sind. Laut einer Studie der Umweltstiftung WWF landen in Deutschland jährlich 18,4 Millionen Tonnen an Nahrung im Müll. Um dieser Verschwendung entgegenzuwirken, und aus Protest gegen die Lebensmittelwirtschaft, holen Menschen die noch verwertbaren Lebensmittel aus den Müllcontainern der Supermärkte. Dies nennt man Containern. In Deutschland kann dafür eine Anzeige wegen Hausfriedensbruch folgen, wenn unberechtigt abgesperrte Grundstücke betreten werden.

Upcycling

Wir leben in einer Wegwerfgesellschaft. Um Ressourcen einzusparen, müssen wir umdenken. Eine Möglichkeit ist das Wiederverwerten von gebrauchter Kleidung oder Haushaltswaren. So könnte man z. B. aus einer alten Jeans eine Tasche nähen oder aussortierte Schüsseln als Blumentöpfe verwenden. Durch das Upcycling werden scheinbar nutzlose Dinge in neue Produkte umgewandelt.

Arbeitsblatt 4: Diese fünf Klimatipps finde ich wichtig

1. Suche dir die fünf Klimaschutztipps aus der Sammlung heraus, die dir am wichtigsten erscheinen und von denen du glaubst, dass du sie einhalten könntest. Trage sie ein.

2. Vergleiche nun die fünf Klimaschutztipps, für die du dich entschieden hast, mit denen deines Nachbarn. Habt ihr euch für dieselben entschieden? Wo seid ihr anderer Meinung? Diskutiert darüber.

3. Schneidet anschließend eure fünf Klimatipps aus und legt sie auf dem Tisch aus. Entscheidet gemeinsam, welche dieser Tipps die drei wichtigsten sind.

4. Stellt eure drei Klimaschutztipps der Klasse vor und markiert den entsprechenden Tipp an der Stellwand/Tafel mit einem Punkt. Die zehn Tipps mit den meisten Punkten werden später in der Broschüre vorgestellt.

Arbeitsblatt 5: Die zehn wichtigsten Klimaschutztipps

Lösungen Tag 2

Teile die oben genannten Begriffe in erneuerbare und nicht erneuerbare Ressourcen ein.

Kannst du die Rohstoffe in Gruppen zusammenfassen?

erneuerbare Ressourcen	nicht erneuerbare Ressourcen

Ackerbau:
Weizen | Reis | Raps | Hafer | Hirse | Mais | Roggen

Edelmetalle:
Gold | Silber | Platin

Plantagen:
Kakao | Holz | Soja | Orangensaft | Baumwolle | Kaffee

Industriemetalle:
Aluminium | Nickel | Blei | Quecksilber | Zink | Kupfer | Titan | Zinn

Tiere:
Rinder | Fische | Wolle | Schweine | Hühner

Energie:
Erdöl | Benzin | Heizöl | Kohle | Strom | Erdgas

Nenne einige Rohstoffe und überlege, wofür sie gebraucht werden. *Beispiele:*

Edelmetall:	Gold	für Schmuck und in der Elektroindustrie
Industriemetall:	Aluminium	Alufolie, Aludosen
Industriemetall:	Kupfer	in der Elektroindustrie, z. B. in Stromkabeln
Energie:	Erdöl	zur Erzeugung von Elektrizität, als Treibstoff, in Kosmetika, in Farben, zur Herstellung von Kunststoffen
Energie:	Kohle	zur Erzeugung von Elektrizität
Tier:	Rind	Fleischlieferant
Tier:	Wolle	Herstellung von Textilien
Plantage:	Kakao	Kakao, Schokolade
Ackerbau:	Weizen	Backwaren, Viehfutter
Ackerbau:	Mais	Viehfutter, Energiepflanze

Vorbereitung auf Tag 3

- Kopieren Sie AB 1 als Klassensatz.
- Kopieren Sie die Infokarten für die ausgesuchten Gruppen.
- Kopieren Sie für jede Gruppe eine Gruppenkarte.
- Besorgen Sie einen Fotoapparat für die Fotogruppe und denken Sie daran, den Akku aufzuladen..
- Machen Sie sich Gedanken über mögliche Fotos und bringen Sie evtl. Requisiten für die Fotogruppe mit.
- Bringen Sie einen Speicherstick mit.

Tag 3: Jetzt geht's los – Das Erstellen der Broschüre

Praxis: Gedanken zur Broschüre

Inhalt:	Titel für die Broschüre finden; Inhalt der Broschüre bzw. einer Seite festlegen
Materialien:	AB 1
Dauer:	ca. 45 Min.
Sozialform:	Klassengespräch/Lehrer-Schüler-Gespräch
Ort:	Klassenzimmer

Beginnen Sie mit der Kontrolle der Hausaufgaben, indem Sie die von den Schülern vorgeschlagenen Titel für die Broschüre an der Tafel oder auf dem OHP festhalten lassen. Besprechen Sie die Titel mit der Klasse. Gibt es Titel, die besonders treffend oder ansprechend sind oder solche, die gar nicht passen? Lassen Sie die Schüler darüber diskutieren und abstimmen. Ergibt sich durch das Gespräch die Idee für ein Logo oder einen Reim, können Sie diese Idee mit aufnehmen. Wichtig ist außerdem, festzulegen, wie die Broschüre gestaltet werden soll: Pro Seite ein Foto oder zwei Fotos? Gibt es ein Vorwort? etc.

Einteilung der Arbeitsgruppen

Inhalt:	Einteilung der Arbeitsgruppen und Besprechen der Gruppenaufgaben
Materialien:	AB 2, je eine Gruppenkarte pro Gruppe
Dauer:	ca. 20 Min.
Sozialform:	Klassengespräch/Lehrer-Schüler-Gespräch
Ort:	Klassenzimmer

Zunächst wird gemeinsam besprochen, welche Gruppen eingeteilt werden. Dann werden die jeweiligen Gruppenaufgaben kurz erklärt, damit jeder Schüler weiß, wie er welcher Gruppe zuarbeiten kann. Danach teilen sich die Schüler je nach Interesse in die Gruppen ein. Die Gruppenkarten werden ausgefüllt und später auf die jeweiligen Gruppentische gestellt.

Praxis: Erstellung der Broschüre – Teil 1

Inhalt:	Erstellen der Broschüre – Teil 1
Materialien:	Infokarten
Dauer:	mind. ca. 4 Schulstunden
Sozialform:	Gruppenarbeit
Ort:	Computerraum, Klassenzimmer

Die Schüler erarbeiten in Gruppen die Klimaschutzbroschüre. Jede Gruppe erhält durch die Infokarten kurze Anweisungen und Tipps. Die Sprachengruppe, die PowerPoint-Gruppe und die Redaktionsgruppe haben zu Beginn dieser Phase noch nicht allzu viel zu tun. Gruppenmitglieder dieser Gruppen könnten im Internet zu den einzelnen Klimaschutzregeln recherchieren, bis ihnen Arbeit zugeliefert wird. Die Arbeit der Fotogruppe ist nicht zu unterschätzen. Wichtig ist, dass die Schüler die passenden Requisiten für ihre Fotos in der Schule zur Verfügung haben und dass sie viele Fotos machen, damit man eine Auswahl hat.

Stand der Dinge

Inhalt:	Schlussrunde, Stand der Dinge
Materialien:	–
Dauer:	30 Min.
Sozialform:	Stuhlkreis
Ort:	Computerraum oder Klassenzimmer

Zum Schluss dieses Tages ist es wichtig, gemeinsam den Stand der verschiedenen Gruppen zu besprechen, denn davon hängt der nächste Tag ab. Es ist davon auszugehen, dass zumindest einzelne Gruppen ihre Arbeit noch nicht beendet haben. Das ist nicht tragisch, da für Tag 4 ein Puffer eingebaut ist. Die Gruppen können an Tag 4 ihre Arbeit vervollständigen. Allerdings sollten sie dafür nicht mehr den ganzen Vormittag benötigen. Dafür sollten die Schüler als Hausaufgabe an ihren Gruppenaufgaben weiterarbeiten, soweit dies möglich ist. Die Fotogruppe könnte für den nächsten Tag wichtige Requisiten mitbringen. Die Schüler bekommen einen Vertrauensvorschuss: weiterarbeiten, wenn das möglich ist.

Arbeitsblatt 1: Gedanken zur Broschüre

Bevor ihr die Broschüre erstellt, ist es wichtig, sich vorab ein paar Gedanken zu machen, damit jede Gruppe genau weiß, was sie zum Gelingen der Broschüre beitragen kann.

- Zuerst legt ihr gemeinsam einen Titel fest. Das ist wichtig, denn der Titel gibt vor, um was es in der Broschüre geht.
- Der Titel eurer Broschüre lautet:

_____

- Bringt die Klimaschutzregeln, auf die ihr euch in der Gruppenarbeit geeinigt habt, in eine Reihenfolge eurer Wahl. Ihr könnt sie z. B. nach Wichtigkeit der Tipps oder nach der Menge der Energie, die man einsparen kann, sortieren.
- Nun überlegt euch, wie ihr die jeweiligen Seiten gestalten wollt. Soll es für jede Regel eine eigene Seite geben oder wollt ihr vielleicht einen durchgängigen Text schreiben und die Klimaschutzregeln in diesen Text einbauen?

Wir wollen:

```
                                                             
                                                             
                                                             
                                                             
                                                             
```

- Soll eure Broschüre ein Vorwort enthalten? Ein Vorwort muss nicht unbedingt sein, aber es leitet das Thema ein und kann zusätzliche Informationen geben. Möglich wären z. B. allgemeine Infos über den Klimaschutz oder den Klimawandel.

Vorwort?   ja   nein

- Überlegt euch als Nächstes, wie ihr den Text illustrieren möchtet. Wollt ihr Fotos hinzufügen? Wenn ja, in welcher Form? Soll jede Klimaregel durch ein Foto unterstützt werden oder wollt ihr das richtige und das falsche Verhalten jeweils durch ein Foto aufzeigen? Vielleicht wollt ihr eure Broschüre aber auch nur mit wenigen passenden Fotos oder Bildern verschönern.

Wir wollen:

```
                                                             
                                                             
                                                             
                                                             
```

Arbeitsblatt 2: Die verschiedenen Arbeitsgruppen

Nun müsst ihr euch überlegen, welche Gruppen ihr bilden wollt. Das hängt natürlich auch davon ab, für welche Art der Gestaltung ihr euch entschieden habt.

Mögliche Gruppen und ihre Aufgaben:

Textgruppe:

schreibt die Texte der jeweiligen Klimaschutztipps

Fotogruppe:

illustriert die Broschüre

Layoutgruppe:

bearbeitet die Fotos, macht das Layout

Vorwortgruppe:

schreibt das Vorwort

Sprachengruppe:

übersetzt die Texte in andere Sprachen

Redaktionsgruppe:

bespricht und beurteilt Texte und Fotos, bevor sie endgültig für die Layoutgruppe freigegeben werden

PowerPoint-Gruppe:

erstellt parallel eine PowerPoint-Präsentation

??? (weitere Gruppen)

Diese Gruppen sind nur eine Auswahl. Natürlich könnte die Textgruppe auch das Vorwort übernehmen. Oder die PowerPoint-Gruppe könnte wegfallen, da ihr keine PowerPoint-Präsentation machen möchtet. Stattdessen könntet ihr noch eine Gruppe bilden, die sich nur um das Titelbild kümmert, oder eine, die ein passendes Logo erstellt. Vielleicht habt ihr noch andere Ideen.

Gruppenkarte

- *hier knicken* -

Gruppe:

Namen der Gruppenmitglieder:

Infokarte für die Textgruppe

Bevor ihr mit dem Schreiben beginnt, ist es sinnvoll, sich über Folgendes Gedanken zu machen:

Nehmt euch die gemeinsam festgelegte Reihenfolge der Klimaschutztipps vor und überlegt nun, wie ihr die einzelnen Tipps aufbauen wollt. Soll zuerst beschrieben werden, wieso dieser Tipp für den Klimaschutz besonders wichtig ist? Oder wollt ihr lieber damit beginnen, wie man sich in Bezug auf diesen Klimaschutztipp richtig verhält? Wichtig ist einzubeziehen, was die Konsequenzen sind, wenn man den Rat nicht befolgt und inwiefern das Klima dann geschädigt wird.

Verwendet eine direkte Ansprache mit „du", anstatt Formulierungen wie „man macht" oder Ähnliches zu schreiben.

Ein möglicher Aufbau für einen Klimaschutztipp könnte wie folgt aussehen:
1. Wie soll ich handeln?
2. Wie soll ich nicht handeln?
3. Warum schadet das schlechte Handeln dem Klima?
4. Wie kann das richtige Handeln dem Klima nutzen?

Fällt euch eine interessante oder witzige Überschrift zu eurem Tipp ein?

Sprecht euch ab, wie ihr arbeiten wollt. Beispiel: Zwei schreiben, ein Dritter liest Korrektur. Oder zwei formulieren den Text, die anderen recherchieren zum Thema im Internet und markieren das Wichtigste.

Wenn ihr alles besprochen habt, könnt ihr nun gemeinsam mit der Recherche zu eurem ersten Umwelttipp beginnen. Viel Spaß!

>>> Gebt eure fertigen Texte an die Redaktionsgruppe weiter.

Notizen:

Infokarte für die Fotogruppe

Bevor ihr mit dem Fotografieren beginnt, ist es sinnvoll, sich über Folgendes Gedanken zu machen:

Sicherlich habt ihr schon viel mit eurem Handy fotografiert und erste Erfahrungen mit dem Fotografieren gesammelt. Trotzdem gibt es einige Dinge, die ihr für die Fotos zur Broschüre beachten müsst. Was auf dem Handy manchmal lustig aussieht oder bei einem Selfie witzig rüberkommt, kann bei einem Foto, wie ihr es für die Broschüre benötigt, unangebracht sein.

Setzt euch zusammen, bevor ihr fotografiert, und überlegt zuerst einmal, was ihr überhaupt fotografieren möchtet. Welches Motiv würde gut zu dem jeweiligen Klimaschutztipp passen? Wo wollt ihr fotografieren? Welche Utensilien oder Requisiten braucht ihr für das Foto? Wo bekommt ihr diese her? Macht euch Notizen zu diesen Punkten. Eine sorgfältige Vorarbeit erspart euch viel Zeit.

Achtet darauf, dass ihr alle Bilder selbst fotografiert und keine Bilder aus dem Internet benutzt, denn das verletzt Urheberrechte. Wenn ihr Schüler fotografiert, dann nur mit deren Einverständnis und am besten so, dass man keine Gesichter erkennen kann.

Benutzt möglichst nicht euer Handy zum Fotografieren, sondern einen Fotoapparat. Der liefert in den meisten Fällen eine bessere Bildqualität.

Wer von euch fotografiert? Macht das nur ein bestimmter Schüler oder darf jeder einmal ein Foto schießen? Benötigt ihr „Fotomodelle"?

Fotografieren macht Spaß, ist aber nicht so einfach, wie man denkt. Nicht alle Bilder sagen etwas aus. Eure Fotos müssen zu den jeweiligen Klimaschutztipps passen. Stellt euch vor, ihr wollt ein passendes Foto zu dem Tipp „Fahrradfahren spart Energie" machen. Dazu fotografiert ihr ein Fahrrad, das im Gras liegt oder ein Fahrrad vor einer Bäckerei. Beide Bildaussagen sind für den Zweck nicht eindeutig genug, da sie Fragen offenlassen. Soll das Foto eine Pause am Straßenrand darstellen oder wollt ihr ein Reklamefoto für die Bäckerei machen? Ihr seht, eine gute Vorarbeit ist wichtig.

Denkt daran, viele Fotos von den einzelnen Motiven zu machen, falls eines unscharf wird. Probiert auch verschiedene Einstellungen aus.

Jetzt kann es losgehen. Viel Spaß!

>>> Gebt eure Fotos an die Layoutgruppe und an die Redaktionsgruppe weiter.

Notizen:

Infokarte für die Layoutgruppe

Bevor ihr mit dem Layout beginnt, ist es sinnvoll, sich über Folgendes Gedanken zu machen:

Während ihr auf die Texte oder Fotos der anderen Gruppen wartet, könnt ihr euch schon einmal Gedanken über das Titelblatt machen. Wie soll es aussehen? Wie wollt ihr den Titel darstellen? Welche Farbe soll er z. B. haben?

Erstellt eine Probeseite. Welches Format soll die Broschüre haben, DIN A4 oder DIN A5? Welches Schriftbild wollt ihr benutzen? Wo wollt ihr Fotos einfügen? Müssen die Fotos verkleinert werden? Falls es Übersetzungen geben wird, wo wollt ihr sie einbauen?

Sammelt erst einmal Ideen und macht euch Notizen, bevor ihr mit der Arbeit am Computer beginnt. Legt einen Ordner an, in dem ihr die Texte und Fotos speichert.

Denkt an die Umwelt und druckt nicht zu viele Seiten aus. Wartet mit dem Ausdrucken, bis ihr alle Seiten kontrolliert und korrigiert habt. Nur die Endfassung sollte gedruckt werden.

Wenn ihr das alles bedacht habt, könnt ihr mit eurer Arbeit beginnen. Viel Spaß!

>>> Ihr arbeitet der Redaktionsgruppe und der PowerPoint-Gruppe zu.

Notizen:

Infokarte für die Sprachengruppe

Bevor ihr mit den Übersetzungen beginnt, ist es sinnvoll, sich über Folgendes Gedanken zu machen:

Die Übersetzung der Texte ist eine anspruchsvolle Aufgabe, denn hier kann euch euer Lehrer nicht unterstützen, wenn er die Sprache nicht spricht.

Deshalb ist es besonders wichtig, dass ihr euch viel Zeit nehmt für die Übersetzungen.

Es kann passieren, dass ihr manche Begriffe, die den Klimaschutz betreffen, in eurer Sprache nicht kennt. Überlegt deshalb, wer euch bei der Übersetzung helfen könnte.

- Gibt es in eurer Gruppe Schüler, die dieselbe Sprache sprechen? Arbeitet mit diesen zusammen.
- Schreibt euch die Sätze oder Begriffe auf, die ihr nicht übersetzen könnt, und fragt zu Hause nach.
- Wer könnte euren Text noch einmal nachlesen und korrigieren? Vielleicht habt ihr eine Tante oder einen Opa, die gerne bei der Übersetzung helfen.
- Bearbeitet den Text mehrmals sorgfältig, bis ihr mit dem Ergebnis zufrieden seid.

Viel Spaß bei eurer besonderen Aufgabe!

>>> Ihr arbeitet der Layoutgruppe zu.

Notizen:

_____

_____

_____

_____

_____

_____

Infokarte für die PowerPoint-Gruppe

Bevor ihr mit der Arbeit zu eurer PowerPoint-Präsentation beginnt, ist es sinnvoll, sich über Folgendes Gedanken zu machen:

Wie soll eure Präsentation aussehen? Wollt ihr die Seiten genauso übernehmen, wie sie für den Druck eurer Broschüre geplant sind oder möchtet ihr noch neue Ideen einbringen? Welche Argumente sprechen für eine identische Übernahme, welche sprechen für Änderungen?

Wie wollt ihr die PowerPoint-Präsentation grafisch gestalten? Achtet auf ein ausgewogenes Verhältnis von Bild und Text. Wählt eine große Schrift, damit man den Text später auch aus etwas Entfernung gut lesen kann.

Besprecht eure Ideen gemeinsam, bevor ihr euch an die Arbeit macht. Wenn ihr von den anderen Gruppen Texte oder Fotos bekommt, stimmt ab, wie und wo ihr sie einsetzt.

Wenn die PowerPoint-Präsentation fertig ist, macht euch Gedanken darüber, wie ihr die Präsentation gemeinsam vortragen möchtet, und übt sie ein.

Habt ihr so weit alles durchgesprochen? Dann könnt ihr mit eurer Arbeit beginnen. Viel Spaß!

>>> Ihr bekommt eure Texte von der Fotogruppe, von der Vorwortgruppe und von der Textgruppe. Über die Gestaltung eurer PowerPoint-Präsentation dürft ihr allein entscheiden.

Notizen:

_____

_____

_____

_____

_____

_____

Infokarte für die Redaktionsgruppe

Bevor ihr mit den Arbeiten in eurer Redaktionsgruppe beginnt, ist es sinnvoll, sich über Folgendes Gedanken zu machen:

In der Redaktionsgruppe laufen viele Arbeiten zusammen. Bis auf die PowerPoint-Gruppe spielen euch alle Gruppen ihre Arbeiten zu.

Es ist eure Aufgabe, diese Arbeiten zu kontrollieren und zu beurteilen. Wo sollte noch etwas verbessert werden? Wo könnte man etwas anders gestalten? Ist der Text ausreichend oder fehlen noch wichtige Informationen?

Solltet ihr Änderungsvorschläge haben, gebt ihr die jeweiligen Arbeiten mit euren Tipps an die Gruppen zurück.

Ihr dürft auch die Fotos auswählen, die am Ende in die Broschüre aufgenommen werden. Dabei ist wichtig, dass ihr sorgfältig arbeitet und auf die Qualität der Fotos achtet. Welches Foto stellt den Umwelttipp besonders gut dar? Welches Foto ist scharf genug? Versucht, euch gemeinsam auf die jeweiligen Fotos zu einigen.

Bevor ihr die ersten Arbeiten von den Gruppen bekommt, könnt ihr die Zeit nutzen, um selbst zu den jeweiligen Themen zu recherchieren. Schreibt die wichtigsten Punkte heraus, damit ihr wisst, worauf ihr achten müsst.

Wenn ihr all diese Punkte besprochen habt, könnt ihr mit eurer Arbeit beginnen.

Viel Spaß dabei!

Notizen:

_____

_____

_____

_____

_____

Infokarte für die Vorwortgruppe

Bevor ihr mit dem Vorwort beginnt, ist es sinnvoll, sich über Folgendes Gedanken zu machen:

Eure Gruppe ist für den Inhalt des Vorwortes verantwortlich. Dieses soll sich natürlich auf die zehn Klimaschutzregeln beziehen, die in der Broschüre behandelt werden, aber auch eine kurze Einleitung in das Thema Klimawandel allgemein geben.

Damit ihr genug Hintergrundwissen für den Text zur Verfügung habt, könnt ihr im Internet Fakten recherchieren. Schaut euch diesbezüglich aber auch die Arbeitsblätter noch einmal an.

Diskutiert in eurer Gruppe darüber, was im Vorwort stehen soll, und haltet die Ergebnisse in Stichworten fest.

Sprecht mit der Redaktionsgruppe ab, ob nur eure Gruppe das Vorwort unterschreibt oder die ganze Klasse. So könnt ihr dem Leser der Broschüre einen persönlichen Gruß hinterlassen.

Wenn ihr all das berücksichtigt habt, kann es losgehen. Viel Spaß beim Schreiben!

>>> Ihr arbeitet der Redaktionsgruppe und der Sprachengruppe zu.

Notizen:

Vorbereitung auf Tag 4

- Kopieren Sie AB 1 und AB 2 als Klassensatz. Achtung: Beide Arbeitsblätter stehen auf einem Blatt, das durchgeschnitten werden muss.

- Kopieren Sie AB 3 und AB 4 als Klassensatz.

- Besorgen Sie einen Tacker für die Broschürenheftung.

- Legen Sie mindestens zwei weiße, unbeschriebene Blätter für jeden Schüler bereit.

- Wichtig: Ein zweiter Lehrer sollte zur Verfügung stehen, damit die Schüler im Klassenzimmer und im Computerraum beaufsichtigt werden können.

Tag 4: Mein Vertrag mit der Umwelt

Praxis: Erstellung der Broschüre – Teil 2

❱❱❱❱❱

Inhalt:	Fertigstellung der Gruppenarbeit, Broschüre persönlich gestalten
Materialien:	Texte der Gruppenarbeiten (die Broschüre), AB 1
Dauer:	90 Min.
Sozialform:	Gruppenarbeit, Einzelarbeit
Ort:	Klassenzimmer und/oder Computerraum

Tag 4 beginnt wieder im Stuhlkreis. Fragen Sie nach, wer welche Hausaufgaben gemacht hat, und teilen Sie anschließend die restliche Arbeit ein. Da Sie davon ausgehen können, dass nicht alle Schüler auf demselben Stand sind, wird differenziert gearbeitet. Für den Fall, dass sich die Schüler auf den Klassen- und Computerraum verteilen, ist es wichtig, einen zweiten Lehrer für die Aufsicht einzuplanen.

Die Gruppen sollten im Laufe des Vormittags mit den Arbeiten fertig werden, denn für den Rest des Tages sind weitere Aufgaben für jeden einzelnen Schüler geplant. Jeder gestaltet mithilfe der Ergebnisse aus den Gruppenarbeiten seine persönliche Broschüre. Vielleicht hat der ein oder andere Lust, ein eigenes Titelblatt anzufertigen. Jüngere oder künstlerisch interessierte Schüler können dafür gerne auch eine Zeichnung gestalten. AB 1 sieht vor, dass die Schüler sich für zwei weitere Klimaschutztipps entscheiden, welche sie eigenständig und ohne weitere Vorgaben gestalten können. Legen Sie dafür jedem Schüler zwei unbeschriebene Blätter bereit.

Praxis: Den eigenen ökologischen Fußabdruck berechnen lassen

❱❱❱❱❱

Inhalt:	Den persönlichen Fußabdruck berechnen lassen
Materialien:	Computer, AB 2
Dauer:	ca. 45 Min.
Sozialform:	Einzelarbeit
Ort:	Computerraum

Zur Vertiefung, aber auch zur Auflockerung können sich die Schüler ihren eigenen ökologischen Fußabdruck im Internet (www.fussabdruck.de) berechnen lassen. Die Homepage ist einfach aufgebaut, auch jüngere Schüler können sich hier noch einmal ihren Bedarf an Ressourcen veranschaulichen.

Praxis: Brief der Erde an die Menschen

Inhalt:	Brief der Erde an die Menschen
Materialien:	AB 3
Dauer:	45 Min.
Sozialform:	Einzelarbeit
Ort:	Klassenzimmer

Um sich noch einmal bewusst zu machen, was wir Menschen der Erde und letztendlich uns selbst antun, schreiben die Schüler aus der Sicht der Erde einen Brief an uns Menschen, in dem sie um Rücksicht und Verständnis bitten.

Praxis: Mein Umweltvertrag

Inhalt:	Umweltvertrag, anschließend Fertigstellung der Broschüre
Materialien:	AB 4, Tacker
Dauer:	45 Min.
Sozialform:	Einzelarbeit
Ort:	Klassenzimmer

Zum Abschluss der Erarbeitung der Klimaschutztipps schließen die Schüler einen Vertrag mit ihrer Umwelt. In diesem Vertrag ist Platz für drei Klimaschutztipps vorgesehen. Es ist wichtig, darauf hinzuweisen, dass es besser ist, wenige Tipps aufzuschreiben, diese dann aber konsequent einzuhalten, anstatt viele Tipps aufzuschreiben und keinen einzuhalten. Es soll den Schülern eine Ehrensache sein, den Umweltvertrag einzuhalten. Wer sich zutraut, mehr Tipps einzuhalten, darf diese natürlich zusätzlich eintragen.

Zur Fertigstellung der Broschüre werden die beiden selbst angefertigten Klimaschutztipps, der Brief der Erde an die Menschen und der Umweltvertrag in die Broschüre eingeordnet. Danach können die Broschüren kopiert und getackert werden.

Sollte der ein oder andere Schüler die vorherigen Aufgaben noch nicht erledigt haben, kann er die zwei eigenen Klimaschutztipps als Hausaufgabe fertigstellen.

Arbeitsblatt 1: Dein persönlicher Beitrag zur Klimaschutzbroschüre

Heute kannst du deiner Broschüre noch den persönlichen Schliff verpassen.

Entscheide dich für zwei weitere Klimaschutztipps, schreibe sie auf und gestalte für jeden Tipp eine Seite nach deinem Geschmack.

Um eine Entscheidung zu treffen, lies noch einmal die Arbeitsblätter **Plastik überall** und **Virtuelles Wasser** durch. Vielleicht findest du dort Anregungen.

Meine persönlichen Klimaschutztipps:

1. _____

_____

2. _____

_____

- *evtl. hier schneiden* -

Arbeitsblatt 2: Den eigenen ökologischen Fußabdruck erstellen

Wenn du deine zwei persönlichen Klimaschutztipps gestaltet hast, kannst du im Internet deinen eigenen ökologischen Fußabdruck berechnen lassen. Gehe dafür auf die Seite www.fussabdruck.de.

Ernährung gesamt:

Fleisch- und Wurstverzehr:

Tierische Produkte:

Fischverzehr:

Bio-Lebensmittel:

Regional und saisonal:

Lebensmittelverschwendung:

Wohnung gesamt:

Wohnfläche:

Heizung:

Mobilität gesamt:

Bus und Bahn:

Auto:

Flugzeug:

Konsum gesamt:

Fuhrpark:

Einrichtung:

Konsumgüter:

Müll:

Mein Fußabdruck:

= _____ Planeten

Arbeitsblatt 3: Brief der Erde an die Menschen

Aufgabe:

Stelle dir vor, die Erde würde einen Brief an die Menschen schreiben, in dem sie um Verständnis und Rücksichtnahme bittet. Schreibe diesen Brief.

Arbeitsblatt 4: Mein Umweltvertrag

Mein Umweltvertrag

Ich möchte gerne meinen Beitrag zum Klimaschutz leisten
und schließe mit meiner Umwelt folgenden Vertrag:

Ich werde ab sofort

1. _____

_____

_____

2. _____

_____

_____

3. _____

_____

_____

_____

(Datum, Unterschrift)

Vorbereitung auf Tag 5

- Kopieren Sie AB 1 und AB 2 als Klassensatz.
- Bereiten Sie evtl. einen entsprechenden Raum für die Präsentation vor.
- Stellen Sie Tische zusammen, um die Broschüren auszulegen.
- Gestalten Sie die Stellwand mit den Tipps und Fotos.
- Ergänzen Sie evtl. Fotos von den Schülern bei der Arbeit.
- Organisieren Sie einen Beamer und Leinwand für die PowerPoint-Präsentation.
- Teilen Sie evtl. Schüler für die Präsentationen ein.
- Bereiten Sie den Fotoapparat vor, um Fotos von der Projektpräsentation zu machen.

Tag 5: Präsentation und Reflexion

Praxis: Schlussgedanken – Teil 1

Inhalt:	Wie geht es weiter mit dem Klimaschutz?
Materialien:	AB 1
Dauer:	ca. 30 Min.
Sozialform:	Kleingruppe, Stuhlkreis
Ort:	Klassenzimmer

Die Schüler sollen in kleinen Gruppen, am besten Dreiergruppen, Ideen sammeln, wie das Projekt weiter wirken kann. Wie können Mitschüler, Lehrer, Eltern und Freunde außerhalb der Schule davon überzeugt werden, dass Klimaschutz wichtig ist?

Die neuen Vorschläge werden im Stuhlkreis von den jeweiligen Gruppen vorgestellt. Der entstandene Pool an Ideen sollte auf Machbarkeit überprüft werden. Hier sind besonders Sie als Lehrer gefragt. Ob Sie einen oder mehrere davon aufgreifen und für die Zukunft festhalten, entscheiden Sie. Natürlich ist es erstrebenswert, dass der Klimaschutzgedanke weitergeführt wird. Es ist jedoch sehr wahrscheinlich, dass Sie als Initiator des Projekts auch für Folgeprojekte zumindest mitverantwortlich sind. Fragen Sie sich deshalb kritisch, hinter welchen Initiativen Sie selbst stehen können und welche Möglichkeiten die Schule bietet. Sollten sich da wenige bis gar keine Möglichkeiten bieten, können Sie den Fokus auf private Initiativen lenken.

Die Dauer der Einheit hängt von der Klassengröße ab.

Praxis: Schlussgedanken – Teil 2

Inhalt:	Wie hat den Schülern das Klimaschutzprojekt gefallen?
Materialien:	AB 2
Dauer:	ca. 30 Min.
Sozialform:	Einzelarbeit, Stuhlkreis
Ort:	Klassenzimmer

Für die Reflexion sollten Sie genügend Zeit einplanen. Der Zeitrahmen hängt auch hier von der Klassenstärke ab. Wichtig ist, dass jeder Schüler seine Eindrücke schildern kann. Die Wolken können ausgeschnitten und auf ein Plakat oder an eine Pinnwand geheftet werden. Vielleicht haben Sie selbst auch Lust, das Arbeitsblatt auszufüllen.

Praxis: Die Präsentation

Inhalt:	Die Präsentation der Broschüre
Materialien:	Broschüren, Fotos, PowerPoint-Präsentation, evtl. Kopien von den Broschüren
Dauer:	von Schule vorgegeben
Sozialform:	von Schule vorgegeben
Ort:	Klassenzimmer, evtl. Aula oder Computerraum

Die Präsentation Ihres Klimaschutzprojektes kann auf verschiedene Art geschehen. Oft ist der Rahmen der Präsentation durch die Schule vorgegeben. Manchmal findet am letzten Projekttag ein Schulfest statt, manchmal ein Tag der offenen Tür, manchmal werden die Projekte in der Aula den anderen Klassen vorgestellt. Ihr Klimaschutzprojekt eignet sich besonders gut für jede Art der Präsentation. Sie können die einzelnen Broschüren ausstellen, Kopien zum Mitnehmen auslegen, die Fotos aufhängen und die PowerPoint-Präsentation durch die Schüler vorstellen lassen. Sollte keine PowerPoint-Präsentation erstellt worden sein, könnten Sie stattdessen einen Kurzfilm zur Klimaerwärmung zeigen.

Ob Sie selbst die Ergebnisse aus den Schlussgedanken vor der PowerPoint-Präsentation vorstellen, bleibt Ihnen überlassen. So hätten die Schüler Zeit, sich vor der „großen" Präsentation noch besser auf ihren Beitrag vorzubereiten.

Sollten Sie „nur" eine klasseninterne Präsentation vorbereiten, ist es für die Wertschätzung der Arbeit sehr wichtig, die Präsentation trotzdem in einem gewissen Rahmen durchzuführen. Lassen Sie Ihre Schüler spüren, dass sie gemeinsam einen großen und wichtigen Beitrag geleistet haben. Sie können die Wertschätzung mit der feierlichen Übergabe der Teilnahmeurkunde unterstreichen.

Arbeitsblatt 1: Schlussgedanken 1

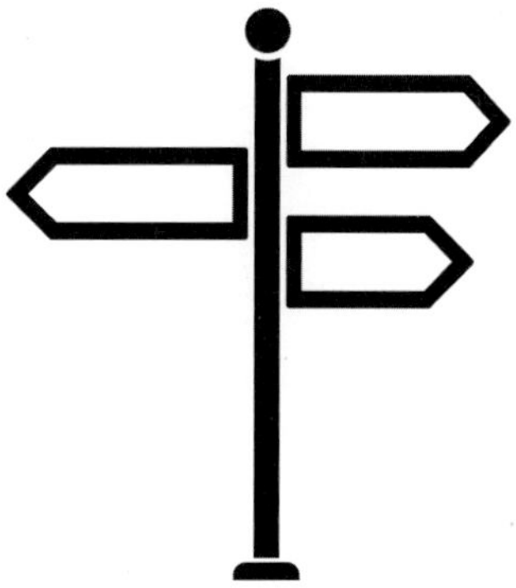

Überlegt in der Gruppe, was ihr tun könnt, um den Klimaschutzgedanken weiter zu verbreiten?

Welche Möglichkeiten habt ihr in der Schule? Was könnt ihr privat tun? Was lässt sich vielleicht sogar in eurer Gemeinde auf die Beine stellen?

Sammelt möglichst viele Beispiele.

_____

_____

_____

_____

_____

Überprüft nun jeden eurer Vorschläge auf seine Durchführbarkeit. Welche sind realistisch, welche lassen sich nur schwer umsetzen?

Macht euch Gedanken über das Pro und Kontra eurer Ideen und notiert nur die Vorschläge, die euch machbar erscheinen. Stellt diese der Klasse vor.

_____

_____

_____

_____

Arbeitsblatt 2: Schlussgedanken 2

Mache dir Gedanken zu den folgenden Fragen: Wie hat dir euer Klimaschutzprojekt gefallen? Bist du zufrieden mit der Broschüre? Was würdest du bei einem nächsten Projekt anders machen? Möchtest du noch einmal ein Klimaschutzprojekt machen?

Begründe deine Meinung und formuliere mindestens fünf aussagekräftige Sätze. Die Begriffe in dem Kasten können dir dabei helfen.

> … hat mir gut gefallen, weil … | Ich fand gut, dass … | Ich hätte mir gewünscht, dass … | Ich möchte unbedingt noch … | Daran muss ich beim nächsten Projekt unbedingt denken: … | Ich hoffe, dass … | Auf Folgendes muss ich besser achten: … | Unsere Gruppenarbeit war … | Ich bemühe mich … | Am besten fand ich … | Ich werde in Zukunft … | Unsere Klimatipps finde ich … | Die Broschüre …

TEILNAHMEURKUNDE

Der Schüler/die Schülerin

_____

hat an dem Projekt

„Klimaschutz – ab heute machen wir mit"

teilgenommen.

_____ **weiß nun,**

wie der Treibhauseffekt entsteht und

wie wichtig es für die Zukunft ist, nachhaltig zu leben.

Für die Präsentation des Projekts hat

_____ **eine Klimaschutzbroschüre**

mit _____ Klimaschutztipps erstellt.

_____ _____
(Ort, Datum) (Unterschrift Lehrer/-in)

Wie könnte es weitergehen?

Am Ende der Projektwoche stellt sich die Frage, wie es mit dem Klimaschutz an Ihrer Schule weitergehen wird. Sicherlich gibt es einige Schüler, die Sie fragen werden, ob man solch ein Projekt in ähnlicher Form wiederholen kann oder ob Sie vielleicht eine Umwelt-AG gründen könnten. Wenn das geschieht, haben Sie in Ihrem Unterricht das Höchste erreicht, was man als Lehrer erreichen kann. Sie haben ein Feuer bzw. ein Interesse entfacht. Leider aber lässt der Schulalltag eine AG oft nicht zu, weil keine Lehrerstunden vorhanden sind. Trotzdem sollten Sie versuchen, den Klimaschutzgedanken weiterzutragen. Es ist wichtig, dass Sie in Ihrer Klasse bzw. der Schülergruppe, mit der Sie das Klimaschutzprojekt durchgeführt haben, regelmäßig nachfragen, ob und wie sie ihre im Umweltvertrag festgelegten Vorsätze einhalten. Auch an anderen Stellen Ihres Unterrichts sollten Sie so oft es geht den Umweltgedanken einfließen lassen. Achten Sie darauf, dass die Schüler Brotdosen statt Alufolie benutzen, dass sie keine Plastikhüllen für Bücher und Hefte benutzen. Auch Plastikmarkierer müssen nicht sein. Und vor allem: Gehen Sie mit gutem Beispiel voran! Leider gibt es immer noch Lehrer, die ihre Schüler nur auf eine Heftseite schreiben lassen, damit nichts durchdrückt und die Seite schöner aussieht. Am Arbeitsblatt „Virtuelles Wasser" kann man gut sehen, wie wichtig es ist, dass die Schüler Recyclingpapier benutzen – und Sie natürlich auch.

Die beste Lösung ist die Verankerung des Umweltgedankens im Schulcurriculum, was tatsächlich an manchen Schulen der Fall ist. Vielleicht kümmert sich die Schülervertretung um das Thema? Vielleicht können Sie in einem nächsten Projekt Klimapaten ausbilden, die als Multiplikatoren in die Klassen gehen und über die Umweltproblematik informieren. Schüler könnten in einer AG überlegen, wo und wie an der Schule Energie eingespart werden kann. Die Schule könnte mit einem Klimabeauftragten, den es heutzutage fast in jeder Gemeinde gibt, zusammenarbeiten.

Auch das Planen kleinerer Aktionen wäre möglich, z. B. eine gemeinsame Wald- oder Bachsäuberung.

Ideen gibt es genug und Sie werden sehen, dass es an interessierten Schülern nicht mangelt. Die zentrale Frage wird sein, welchen Rahmen Ihre Schule dem Klimaschutz einräumt. Und ob Sie Lust auf mehr haben.

Interessantes zum Nachschlagen

„Du hast es in der Hand – Rette unsere Zukunft":
https://www.xn--klimaschutzbroschre-realschule-endingen-hce.de/
Klimaschutzbroschüre der Stefan-Zweig-Realschule, Endingen

Living Planet Report 2016: www.wwf.de

Fußabdruck berechnen: www.fussabdruck.de

Umweltbundesamt: www.umweltbundesamt.de

Informationen zum tropischen Regenwald: www.abenteuer-regenwald.de

Seite der Heinrich-Böll-Stiftung (Fleischatlas): www.boell.de/de/fleischatlas

Jederzeit optimal vorbereitet in den Unterricht?